政治與中國特色的幽默

政治與中國特色的幽默

丁學良

OXFORD
UNIVERSITY PRESS

OXFORD
UNIVERSITY PRESS

Oxford University Press is a department of the University of Oxford.
It furthers the University's objective of excellence in research, scholarship,
and education by publishing worldwide. Oxford is a registered trade mark of
Oxford University Press in the UK and in certain other countries

Published in Hong Kong by

Oxford University Press (China) Limited
39/F One Kowloon, 1 Wang Yuen Street, Kowloon Bay, Hong Kong

© Oxford University Press (China) Limited

The moral rights of the author have been asserted

First edition published in 2017

ISBN: 978-0-19-082049-7

3 5 7 9 10 8 6 4 2

政治與中國特色的幽默

丁學良

目　錄

導　言

高級政治和高級幽默以及「高級黑」

　　本文集收入的諸篇文章論及的具體問題各各有別，但都符合兩個基本的挑選標準。第一，它們必須是討論與中國有關的高級政治問題。第二，它們必須含有高級幽默的元素。簡言之，是高級政治及其中的高級幽默成份，均展現出中國特色。[1]

　　我們都知道，現代社會裏的政治有高級別(high politics)和低級別(local / grass-roots politics)之分。若使用經驗研究的標準也即非價值判斷的定義，前者多半指的是一個國家國內政治的上層事態，以及不同國家之間或同一民族不同政治體系之間的關係，後者多半指的是一個國家國內政治的基層事態。在中國人圈子裏，但凡一談及政治，絕大多數人(包括普通民眾更包括説實話的曾經從政者)的當下反應就會説「政治太殘酷！」、「政治太可怕！」、「政治太黑暗！」、「政治太骯髒！」等等，皆是一片負面之極的觀感和體驗。而根據筆者在中國內地和海外的生活和工作經歷所獲致的體會，中國人社群——既包括兩岸三地各自政治舞臺上的、也包括它們之間交

1　就像本書第一篇裏的描述所示，中國大陸和政治相關的幽默是五花八門、七彩繽紛。筆者所收集的資料顯示，近三十年期間，這些與政治相關的幽默中的大多數可以歸類到通俗幽默，屬於「黃段子」即含有濃重色情的內容佔的比重較大。本文集排除這類與政治相關的通俗幽默在外，儘管它們也具有豐富的政治社會學和文學的意味及歷史價值。也許若干年以後，會有出版物對這些通俗政治性幽默作整理和分析評論，那也是一大貢獻。

往的、並旁及它們與別的國家之間關係的——高級政治裏，也有其詼諧滑稽的精緻細膩成份即高級幽默，雖然它們不佔據主流或主體的大板塊比重。

為着把高級政治裏的這些高級幽默之精緻細膩成份剝離和凸顯出來，筆者就要運用些許特別的剖析和寫作風格，它很容易被人誤認為是中國特色的「高級黑」。但是，本文集裏的那種行文風格，和華人世界大多數讀者所理解的「高級黑」並不是一回事，所以筆者必須在此作幾點澄清，以免引起大家的誤解。

涵義界定：嚴格的、中立的和寬泛的、貶義的

雖然目前在全球華文媒體上，「高級黑」這個網絡詞彙已經大行其道，其涵義也正在寬泛地蔓延開來，而在該詞的發源地中國大陸，前不久對它的比較嚴格和中性的解釋是：「意思是用高等、文明、幽默的語言來黑這個世界的一切」；「高級黑具有一定的素質，實施高級黑手法的人，不會使用不正當和卑鄙的手段以及粗俗的語言去黑其對象」。對該詞稍微寬鬆的並偏向於貶義的解釋則是：「表面上誇獎，實際上諷刺，但是誇獎的東西和諷刺的對象並不是同一個事物，而是借助被誇獎的東西來諷刺要批評的對象」。[2]

顯然是出於對「高級黑」手法的日益廣泛運用之惱火和擔心，中國內地的官方宣傳機器在2015–2016年間發表了好幾篇引人注目的評論文章，對「高級黑」進行鞭撻，並提醒讀者公眾要倍加警覺，以免受其險惡的誤導和潛移默化的壞影響。其

2　摘自北京：《百度百科》有關「高級黑」的語義和用法，我對原措辭稍作修正以使其含義更清晰。

中一篇評論文章把該手法視為敵對勢力在新形勢下搞輿論鬥爭的創意招數，實乃可圈可點之趣文：

> 有一種抹黑叫作「高級黑」，你聽着是誇你，實際起到的效果是罵你害你黑你，迎合着你的弱點和缺點，以明褒實貶的方式狠狠地黑你。

總結一下，「高級黑」主要有四種常見方式。

其一是睜眼說瞎話「把壞的說成好的」。知道一些人諱疾忌醫，明明有病，告訴你沒病，很健康；明明是「紅腫或潰爛之處」，卻誇它是「豔若桃花」……。其二是用力過猛的讚美。是好人，做了好事，當然應該去讚美，但這種讚美應該實事求是，不能什麼事都上升到人類無法企及的高度，用那種高大全的形容詞去渲染，否則會讓人反感……。第三種「高級黑」方式是虛構資訊去讚美。中國改革開放的成功，有充分的事實支撐，不需要虛構事實去讚美，不需要矮化別人來凸顯。我們應該有充分的自信去耐心講中國夢的故事，而不必用編造的假數據……。最後一種「高級黑」方式是「製造敵人」，也就是用強硬的姿態和惡狠狠的話語去樹敵。本來一些政策和理念，以溫和的方式推進，用公眾能接受的話語去說明，是能夠讓大多數人接受的。可殺氣騰騰的強硬態度，反而激起了警惕和反感，把圍觀者推向了對立面。[3]

閣下如果是一位出於研究需要而不得不——否則閣下絕對無此耐心——常規性地閱讀中國大陸各類官方媒體的學者或傳

3　曹林：「警惕那些明褒實貶的『高級黑』」，北京：《中國青年報》2015 年 2 月 10 日，第 2 版。

媒界人士，也許馬上就會納悶：以上這篇評論文章是不是也屬於「高級黑」作業？因為按照它所羅列的那四類典型表徵，太多的內地宣傳系統的主要產品，恐怕都要被歸罪到「高級黑」範疇裏面去——官方過去將近三十年期間的大手筆宣傳產品，不管是哪一個部門製作的，有多少不屬於「把壞的說成好的」？有多少不屬於「用那種高大全的形容詞去渲染」？有多少不屬於「虛構資訊去讚美」？有多少不屬於「用強硬的姿態和惡狠狠的話語去樹敵」（近年來香港居民也許對這一點的感受特別深切）？假如把這四類官方宣傳產品毫不留情地統統掃地入坑，中國大陸各級宣傳機構的幹部一大半都得下崗了。可見，公開鞭撻「高級黑」的內地寫手也不可一概而論，說不定其中也有人是在賊喊捉賊，把「高級黑」趁機運用一番，耍弄其上司？在文化大革命中，這種手法每日都能夠見得着，名為「打着紅旗反紅旗」。

一份公開的調查和不公開的調查結果

　　時隔一年多，行政級別更高的中國內地官方媒體《人民論壇》網，推出了一份由該論壇問卷調查中心發起的有關「高級黑」的在線調查。這份在線調查的具體問題，涉及「高級黑」和「一般黑」的區別，「高級黑」的主要表現、特點、手法、抹黑對象、傳播主體、傳播渠道、傳播主體的心態、涉及領域、後果，以及如何應對「高級黑」等等問題，可以說是面面俱到。該調查的每項問題之下，都詳細列舉多個選項以供網友選擇。比如問題「高級黑和一般黑的主要區別？」列舉了五個可能的選項；而問題「現實中高級黑的主要表現？」，選項有九個之多。雖然選項很多，在2016年6月25日截止網上投

票之後，《人民論壇》的網絡調查直到目前並未顯示投票結果，公眾也就無從得知中國內地網友對這個調查的投票結果到底是什麼樣的。[4]《南德意志報》的一篇署名評論則認定，調查報告的結果不但沒有公佈於眾，而且這篇調查本身已被原單位刪除，其原因是它引發了中國內地網民的猜測，說這是影射中共宣傳系統針對當今中國最高領導人的一系列「高級黑」事件。[5]

　　筆者對此事的解釋和《德國之聲中文網》翻譯的上述分析略有不同：中國官方媒體不發佈調查結果的最主要原因，也許不是為着淡化中國內地網民解讀中共宣傳系統某個具體項目或演出或標語口號，是否在公然「高級黑」當今中國的最高領導人——這其中有太多的想像和猜測。最主要的原因在筆者看來，是該項調查報告的結果很可能包含了內地網民太多的實事求是的回答，直率指出中國當今的官方宣傳本身就是催發「高級黑」的肥沃土壤，因為那裏面有太多的虛假、吹捧、偽善、媚俗、過度抬高、注水數據、歷史虛無主義等等。如果內地讀者受鼓勵去舉報被該項調查報告所列舉的那些「高級黑」的形形色色表現，中國大陸最主要的宣傳單位及其宣傳品就會首當其衝，時時中槍日日流血，那豈不是亂了套？

中國特色的「高級黑」和政治幽默的比較研究

　　以上筆者對中國特色的「高級黑」作了幾點解析，目的是

4　以上均摘自《鳳凰資訊》的專題報導：「《人民論壇》官網推出調查：如何識別『高級黑』？」該專題報導直至 2016 年 8 月 28 日仍然完整在線，資訊極有參考價值。

5　詳閱《德國之聲中文網》譯文綜述：「《南德意志報》在其政治版發表署名文章『當幕簾滑偏 (Wenn der Vorhang verrutscht)』」，2016 年 6 月 2 日。

為着講清楚一個要旨：本文集不是屬於上述中國大陸官方媒體所鞭撻的那類「高級黑」作品，而是屬於政治分析與政治幽默的交叉融合作品。對政治過程或政治事態進行分析時，順手剝離和凸顯其中的高級幽默成份，是本文集的立足點。筆者絕對不是運用中國大陸官方媒體界定的「高級黑」手法來製造素材，無中生有地去「黑」某某個人或某某機構或某某政策或某某措施，而是把原本隱藏於或離散在政治現實裏的細膩精緻的幽默成份客觀地展現出來。如果你非得把它們同「高級黑」牽掛起來，你至多只能稱其為「高級黑色幽默」。就全書而言，筆者把這種展現放在較次要的地位，首要的工作還是在於分析評論政治現實裏的非幽默成份，那裏面其實有太多的淚和血。全書的結構安排，是以中國內地的政治舞臺為出發點，然後延伸至兩岸三地的政治交往互動，最後延伸至中國政治裏面的國際政治要素——這個視角非常不同於國際政治裏面的中國政治要素。

筆者對嚴肅政治中的幽默成份早就——起碼可以從1985年在美國波士頓地區攻讀比較政治社會學博士課程時算起——發展出濃厚的辨識和展示的興趣，並且非常幸運地後來結識了幾位研究政治和幽默、幽默和社會抗爭、幾大文化傳統裏的幽默特色的國際知名學者，更有幸的是參與了她們領頭的研究幽默課題的國際合作項目。她們組織協調的研究成果包括筆者的論文，隨後以英文出版了兩卷本的專集，廣受好評。[6] 眼下這本中文論集可以說是筆者參與那個國際合作項目後的第二

6　Jessica Milner Davis and Jocelyn Chey (eds.), *Humour in Chinese Life and Culture. Resistance and Control in Modern Times* (Hong Kong University Press, 2013). A companion volume to *Humour in Chinese Life and Letters: Classical and Traditional Approaches*, edited by the same scholars and published by the same press.

個關聯作品，第一個關聯作品也是國際合作項目的，筆者的論文是討論為什麼在中國的紅色資本主義體制裏，會發展出一個極具黑色幽默意味的利益結構——MAD (Mutually Assured Destruction)。[7] 這個英文縮略詞原來專指冷戰時期美國和蘇聯兩個核武器大國的核威懾戰略均衡：你若膽敢首先用核武器攻擊我，只要你無法在第一次核打擊中全部摧毀我方的核武器，我就會用核武器報復你。所以任何一方發動核攻擊，都導致有保障的雙方滅絕後果。普通的英文詞 mad 原意是瘋狂魯莽，專用術語縮略詞MAD 堪稱是絕妙的一語雙關。

筆者借用MAD這一術語，描述在過去二十多年裏中國大陸的紅色資本主義體制下，權力的掌控者和財富的所有者之間的利益交換，簡稱為官商黑金關係，其實類似於MAD：雙方常常都在暗中留下對方的受賄、行賄、違法、犯罪的證據，以備關鍵時刻威脅對方或直接下手報復對方。筆者為寫這篇論文，收集了中國內地十多個公佈的經驗案例和親手調研的資料，全都飽含高級和通俗的黑色幽默成份。[8] 該英文專集剛

7　X.L. Ding, "'The Only Reliability Is that These Guys Aren't Reliable!': The Business Culture of Red Capitalism", pp. 37–58 in *Restless China*, edited by Perry Link, Richard P. Madsen, and Paul G. Pickowicz (New York and Plymouth, UK: Rowman & Littlefield Publishers, 2013).

8　多個跡象表明，中共十八大以後，有些黨政部門也在沿着類似的思路，做相關資料的整合、推廣和利用。其中特別值得一提的，是出了多位高級貪官污吏的浙江省寧波地區，於 2016 年 9 月 10 日——這正好是中共中央紀檢委宣佈仕途起步於寧波的天津市代理市委書記兼市長黃興國被撤職、接受嚴重違紀嫌疑調查的同一時間——發表了一條重點消息：「最近，寧波一本以反腐倡廉的漫畫小冊子《清風漫筆》引起人們關注。小冊子用具有諷刺意味的漫畫、詼諧通俗的詩句，圍繞習近平總書記關於黨風廉政建設 68 句經典論述進行了生動解讀。…… 首批印發四萬本，求書者絡繹不絕。除了中紀委網站上對寧波這本漫畫小冊子進行了介紹外，今日《中國紀檢監察報》頭版上的一則消息也對這個漫畫進行了報導。……《清風漫筆》配

剛出版發行，筆者論文裏隱名提及的重慶和四川案例的涉及者，就因為王立軍和薄熙來大案事發而連帶曝了一點光。自從中國內地2013年起反腐敗力度提高之後，越來越多的大案細節中，我們都能夠看出MAD的黑色幽默機制生龍活虎地發揮作用。

致謝

　　本文集能夠出版發行，首先要感謝牛津大學出版社中文學術部門的總編輯林道群先生。他從我1993年春季第一次來到香港工作之時起，就一直是鼓勵我從事這樣的立足本土接地氣的政治社會學著述的力士。這已經是他親手編輯的我的第三本文集了，前兩本是1994年出版的《共產主義後與中國》和2011年及2014年出版的《中國模式：贊成與反對》及其增訂版。每經由他親手編輯的書籍，總是從裏到外嚴整美觀，不負牛津大學出版社幾百年的傳承和盛名。本文集裏的一些評論，曾經部分的刊發於英國《金融時報FT中文網》、香港《信報財經月刊》、《紐約時報中文網》、臺灣《新新聞》雜誌、《多維新聞網站》。這裏僅對這五家刊物的現任和前任的主編、主筆

以通俗易懂、詼諧幽默的詩詞對每幅漫畫進行解讀」（「首批印發四萬冊的反腐漫畫，被『85後』公務員誇『走心』」，寧波：《觀海解局》，2016年9月10日）。可見，中共黨政系統也是不排斥挖掘當代中國政治裏面富有中國特色的幽默的，這些素材實在是太豐富多彩了。就在黃興國事發後的次日，中國內地最流行的網上評語之一是：「北京陳希同，上海陳良宇，重慶薄熙來，天津黃興國。四大直轄市的一把手終於湊齊了」。幾天以後的另一則評語是：「從昨天開始，天津是一個沒有市委書記，沒有市長，沒有副市長，沒有政法委書記，沒有宣傳部長，一個人民當家做主的城市。秩序井然，天晴氣朗，國泰民安。天津能取得這樣的成績真是太不易了，書記是壞人，市長也是壞人，副市長也是壞人，連抓壞人的公安局長還是壞人，全被抓了!」

　　　　　　　　　丁學良｜政治與中國特色的幽默

或資深編輯們表達深深的謝意，他們是：王豐先生、劉波先生、張力奮博士、霍默靜女士；鄧傳鏘先生；王強先生；郭宏治先生(顧爾德)；鄧峰先生。他們當然不必為我文集裏的任何言論負任何責任。

2016年12月31日 於東海之濱國內境外

第一篇

政治自由與政治幽默[1]

英國《金融時報FT中文網》上，筆者的「回望中國改革開放三十年」專欄至今為止，多數文章是嚴肅沉重的話題。今天我願意選一個稍微輕鬆的角度，談談「政治自由」與「政治幽默」之間的關係。就像毛澤東經常引用中國成語教導他手下的那些高幹們，「文武之道，一張一馳」，我們今天也「馳」一下。我最早對這個話題產生興趣，是1980年代中期在美國讀書時，著名的匈牙利經濟學家科爾奈(Janos Kornal)那時剛剛被哈佛大學聘請為教授。他是全世界公認的社會主義政治經濟學的權威，曾被提名為諾貝爾經濟學獎候選人，儘管沒被選上，他的學術影響還是巨大的。著名的「軟約束」、「短缺經濟」概念都出自於他，成為全世界分析社會主義國家經濟問題和對應之策的經典工具。

---

1 原作於 2008 年 12 月 3 日。寫作本文的時候，筆者剛剛結束一份特別有趣又特別艱難的工作——從 2006 年上半年到 2008 年下半年，我是總部位於美國華盛頓的「卡內基國際和平基金會」(Carnegie Endowment for International Peace)常駐北京的代表兼高級研究員，主要是為全球化對美中兩國的巨大挑戰之合作研究項目協調服務。當時任職英國《金融時報》中文網的資深編輯高嵩先生常來我的辦公室，幫助我草擬筆者為該媒體開闢的「回望中國改革開放三十年」的專欄，本文是其中的一篇。這個專欄於 2009 年獲得「亞洲出版人協會傑出評論獎」；詳閱：SOPA Award of Excellence in Feature Writing 2009, The Society of Publishers in Asia 2009 Awards, *Financial Times*, 16 June 2009, p. 5 and *FT Chinese.com*, 15 June 2009。筆者將此文置於首篇，是為了簡單交代自己對政治幽默興趣的由來。

那時候，科爾奈開講「社會主義國家的經濟改革」研究生課，學生大部分來自中國和蘇聯東歐陣營。因為有了這個機會，我就能夠經常聽到各社會主義國家的研究生帶來的富有本國特色的政治幽默。比如，匈牙利來的同學貢獻的一則：「黨委宣傳部手冊上的問答。問題：我們社會主義制度的優越性在哪裏？——回答：它成功地克服了在其他的社會制度下不會出現的種種困難。」

　　我對蘇聯東歐的學者很是欽佩，他們之間流傳的政治笑話，包含高超的政治智慧和細膩微妙的黑色幽默。我們稍微回顧一下，整個中歐東歐範圍內，在十九世紀和二十世紀，出現過多少偉大的作家，你就知道那絕不是偶然的，一切均來自深厚的文化底蘊和歷史淵源。二十世紀最有名的黑色幽默作家之一卡夫卡(Franz Kafka 1883–1924)就來自那裏。

　　相比之下，主要是因為語言的障礙，中國的政治幽默翻譯成英文後，效果遠遠比不上蘇聯東歐的政治幽默翻譯成英文後的效果。我一直在收集這方面的笑話，並請教老一輩的洋人教授推介。我1996–1998年在澳大利亞國立大學(ANU)亞太研究院工作期間，遇到一位退休的美國籍猶太人學者，他研究蘇聯東歐的政治文化，也有一個習慣，收集社會主義國家的政治幽默。他時常與我分享他的成果，記錄在密密麻麻的筆記本上，他比我大二十多歲，政治笑話比我收集的多得多。

　　有了這個經驗，刺激我產生了新開一門《政治文化與政治幽默》課的念頭，我還真是開始着手作準備了。但後來發現在西方的大學裏開這門課很難，難的是語言，因為幽默的東西在母語中不用解釋，就能刺激人。一旦譯成別種語言，效果差得太多。行話説，「詩歌是什麼？詩歌就是那種不能被翻譯的文

丁學良｜政治與中國特色的幽默

學作品。」在我看來，幽默也差不離。

這是個很難克服的障礙，我也沒那麼多的研究經費聘請高手來翻譯幾個國家的原版資料，所以這門課到現在也還沒開成。但在備課的過程中，我還是收集了不少資料，有很多心得。過去兩年裏我大部分時間在中國大陸，所以有了與我在1984年8月出國之前的中國的一個強烈對比。改革開放以來中國社會深刻的變化，也體現在政治幽默上。現時代任何一個國家，不管是東方的還是西方的，其政治幽默的水平及流傳的廣度，是該國政治自由度的一個敏感指標。這很像弗洛依德所說：一個社會的自由程度，敏感地反映在它對「性」的態度上。

從政治社會學的角度來講，我有幾個主要的體會——

一個國家要有高水平的政治幽默，第一個條件就是它剛剛在社會、政治、經濟等方面經歷了非常深重的、帶有悲劇色彩的過程。第二個條件，是這過程至少要經歷兩代人才行；如果太短暫，人們可能還沒達到反思荒謬和醒悟的階段，它就已經過去了。

第三個條件，非常重要的一點，是政治幽默得要一個微妙的自由空間——它必須是在最黑暗的階段已經過去，人們剛剛喘過一口氣來，並且對黑暗時代已經產生了一些距離——因為身在黑暗之中，幽默感也被沉重的壓抑住。只有在剛剛走出那個陰影之時，幽默感才有閒暇得以發揮出來。同樣，若無一定的自由空間，幽默也難以流傳開來。

而特別吊詭的是，高水平的政治幽默也不易產生於一個政治上太自由的國家。這是最有趣的現象：一個國家太不自由，政治幽默當然流傳不出；但一個國家若是太自由，也無助於產生高水平的政治幽默。因為如果人們對現有的政治體

制、政府、政策有充分的、憲法保護的批評自由，並有獨立的法庭予以聲張正義的話，人們的不滿抗議等等，就會進入正規的渠道去，而用不着以幽默的方式表達。[2] 這是我的觀察中最有趣的一點。

下面所舉的例子，都是我以前為了備課而收集的。有些資料很久了，但仍然能夠反映出那個特定時代、那個國家特定的狀況通過政治幽默的絕妙風貌。它們就像古舊的郵票，越是早先的，越展現那個時代的某些不可替代的特色。

中國在毛澤東時代尤其在文化大革命期間，經歷了嚴酷的、大規模的和持續的政治動盪與迫害。西方以前研究中國問題的專家，從外面看到毛統治下的中國的封閉狀態以及對文化傳統的破壞、對知識分子的迫害，覺得中國的文化這下子完了。在毛剛去世時，只有極少數的西方學者才有機會訪華。當他們一有機會跟中國的老百姓甚至一些低級官員接觸時，發現中國人還是挺有幽默的——這一點讓他們很欣慰，一個幽默的民族是亡不了的。

2　一個切近的例子是蘇聯解體以後的俄羅斯政治走向。隨着普京在最高權力的位子上越呆越久、政策越來越參照蘇聯時期的思路和做法，高素質的政治幽默又開始流傳起來。2016 年 10 月中下旬，普京下令派遣海軍特混艦隊前往敘利亞，向北約組織示威。俄羅斯艦隊裏的航空母艦一路噴吐黑煙引起俄羅斯社交媒體一片冷嘲熱諷：「人們嘲笑這艘老舊航母如同百年前的燒煤船。有評論説，普京總統雖然想借此展示軍力，但卻反映了俄羅斯的真實國情。許多網民説，『庫茲涅佐夫海軍上將』號航母鍋爐一路噴出的滾滾黑煙讓太空衛星一覽無遺，北約不需要雷達就能發現俄羅斯艦隊。由於幾十公里以外就能看到黑煙，俄羅斯的艦載戰鬥機不需要配備導航裝置就能返航。這艘俄羅斯唯一的航母同中國的遼寧艦是姊妹艦」（白樺：「俄羅斯唯一航母出征中東被嘲笑是『燒煤船』」，《美國之音中文網》，2016 年 10 月 25 日）。如果這時的俄羅斯仍然像 1990 年代一樣有那麼多的街頭遊行示威自由和議會裏公開爭論重大政策的空間，人們也許就沒有精力只在社交網絡裏創作高級黑色幽默了。

以後我到美國遇到過好幾位這樣的洋人學者，他們說，當他們獲得這些幽默後，發現中國傳統中那些博大精深的東西，還沒有被完全毀掉。我就問他們，為什麼會有這樣的感覺？於是，兩個學者跟我講了兩個幽默，都產生於文革結束到改革開放初期的那幾年。第一個幽默大概是以1977年為背景。那位美國人第一次去中國，中國人看到他一個白種男人帶着兩個小孩，就問：這兩個孩子怎麼長得這麼胖，這麼壯，他們吃什麼？那時代中國的經濟很困難，中國人普遍營養不良，所以很好奇這兩個孩子這麼胖這麼壯實的秘密。那位白人父親回答：「我這兩個孩子什麼都不吃，就喝他媽媽的 milk」。英文中「奶水」通常只用一個詞表達：milk，並不細分這奶水來自哪兒。而那個中國人就認真的回去查了一下英漢辭典，看看 milk 是什麼，因為他也想把自己的孩子養胖養壯實。結果大吃一驚，「哇，他太太還能產牛奶吶！我老婆可不行。」

另一位是教政治學的洋人教授。他第一次訪華是在1964年，那時中國人到哪兒都講一套官話。文革結束後不久，他又去了中國，專門去了一趟山東，上次他曾來過這裏。一位陪同他的地方幹部告訴他，1971年9月林彪一倒臺，中國就開始搞「批林批孔運動」。山東因為是孔子和孟子的老家，搞得特別帶勁。當地的基層幹部組織農民紛紛走上講臺憤怒聲討林彪，一位農民發言：「林彪你這個野心家，你披上馬列主義的外衣！馬列主義的外衣只有偉大領袖毛主席才能披，你這個林禿子怎麼能披？」農民們以為馬列主義外衣就是皇帝的獨家正裝「黃袍」，「黃袍加身」是當上了皇帝。這些農民無意中道出了無數的知識分子花費了許許多多精力和刻苦研究才講清楚

的道理——毛主席是一位披着馬列主義外衣的皇帝。[3]

只有在比較寬鬆的政治氛圍下，類似的政治幽默才能拿出來，否則會有特大麻煩。1970年我們安徽宣城溪口公社那兒，一位姓王的大隊書記曾想幽默一下，卻為此被抓了起來。那時候，林彪在中共「九大」以後被黨章明文規定為毛澤東的接班人，這位王書記在對群眾講話時說：「偉大領袖毛主席的親密戰友林副統帥是我們學習的榜樣，我現在就用實際行動向林副主席學習。林副主席在革命戰爭年代喜歡吃黃豆，給女兒取名叫林豆豆。我王書記最喜歡吃大魚大肉，所以從今天起，我就把我女兒改名為王魚魚，把我兒子改名為王肉肉——用實際行動向林副統帥學習！」王書記旋即被抓，被關了一年多，吃了很多苦頭。

前面提到，政治幽默要在一個國家嚴酷的政治經濟的現實中「發酵、窖藏」一段時間，也就是要有足夠的沉澱，它的釋放需要一個因素才行，即官方宣傳已經被大部分人認識到是謊言。這種官方宣傳在最初時，老百姓還認識不到是精緻的欺詐。只有經過足夠長的時間，普通老百姓慢慢地悟出來以後，優質的政治幽默才能產生。

斯大林時代的政治迫害之殘酷，是史無先例的。上世紀三十年代蘇聯的「大清洗」，七百多萬人被捕，三百萬人死於牢裏，五分之三的蘇共老中央委員和高級將領被殺。[4]斯大林在世的時候，人們不敢傳播政治幽默，等到赫魯曉夫執政

3　所以，毛澤東的那句在文化大革命期間每天被革命群眾朗誦的名言——「高貴者最愚蠢，卑賤者最聰明」，也不是沒有根據的。

4　Robert Conquest, *The Great Terror: A Reassessment* (New York: Oxford University Press,1990), pp. 484–489.

後，它們就出來了。[5]

　　一個幽默是講斯大林時期，國營工廠上班是早上八點鐘。有的工人為了表現積極，七點半就到了單位。誰知一進廠大門，就被克格勃(KGB：政治警察)帶走。「為什麼我提前半個小時來上班，要抓我？」工人納悶地問。「你提前半小時，肯定是趁大家還沒有到，進廠裏來搞破壞。」克格勃官員回答。這位工人被捕的消息對其他同事震撼很大。第二天，很多工人特意延遲到八點十五分才來上班。沒想到他們一進廠也被抓起來了，工人們大聲喊怨，克格勃的回答是：「八點鐘上班，你們八點一刻才到，這不是消極怠工、破壞社會主義建設嗎？不抓還得了！」到了第三天，剩下來的其他工人們都準時來上班，正八點。結果，他們又被抓了起來。工人申訴：「我們準時上班，怎麼也給抓起來？」克格勃回答：「你們來廠裏到達得這麼準時，肯定是藏有走私的外國手錶──蘇聯國產的手錶哪有這麼準？你們是走私犯，得抓！」

　　這個政治幽默把斯大林主義的那個制度的殘酷不講理，以及蘇聯產品的低劣統統都凸現出來。提供這條幽默給我的，就是前面說起的那位澳大利亞國立大學的退休教授。另一則是，一批工農代表到克里姆林宮來向斯大林同志致敬。接見結束後，斯大林發現他的煙斗不見了，就懷疑有人順便拿走了。他打電話給克格勃主席貝利亞：「剛才來的那些代表，不要讓他們把我的煙斗偷走了，查問一下。」到了下午，斯大林忽然發現煙斗在他的辦公桌上，壓在一大疊報紙和文件下面。於是，他又打電話給貝利亞：「煙斗不用找了，讓他

5　Olga Mesropova and Seth Graham (eds.), *Uncensored? Reinventing Humor and Satire in Post-Soviet Russia* (Bloomington, IN: Slavica, 2008).

們走吧。」貝利亞回答：「煙斗已經找到了。」「已經找到了？」斯大林很吃驚。貝利亞高興地報告：「所有那些人，經過我們刑訊室審問後，都承認偷了您的煙斗——現在我已經找到二十多把煙斗了……」。[6]

朝鮮則是一個恰好作比照的例子。迄今為止（這是指到2008年年底），這個國家已經經歷了兩代的家族統治，成為地球上最嚴酷閉塞的國家。我至今很難收集到來自朝鮮的政治幽默，原因主要是他們還沒有起碼的自由去生產，更無機會去出口。僅有的一個帶點初級幽默水平的，大概也就是最近一兩年才流傳出來。一位金日成大學的教授問班上的學生：世界上現存多少種政治經濟體制？學生回答：「有三種，一種是資本主義的，一種是我們朝鮮的社會主義的，還有一種就是中國的，既有資本主義又有社會主義的混雜的。」教授接着問：「那麼這三種體制，哪一種最優越？」學生回答：「這個問題難回答。」教授不滿道：「怎麼會難？再清楚不過，我們朝鮮的社會主義制度是最優越的，它一定會征服亞洲和全球，推動全世界的發展。」那個學生就說：「我們國家的制度確實是最優越的，只是我擔心，如果其他的制度都被我們取代了，那麼誰給我們送糧食救濟呢？」

我希望有一天，真的能把這門政治幽默的課開起來。各個國家政治幽默所反映的社會現實及人間苦難，是留給後代的遺產。臺灣《聯合報》前社長、前總編輯張作錦先生是臺灣最早訪問中國大陸的文化人之一，那是在1970年代尾，他經過頗多

6　這條幽默有多個變體，參閱 Jessica Milner Davis and Jocelyn Chey (eds.), *Humour in Chinese Life and Culture*, p. 302, Note 18. 筆者要感謝這兩位國際幽默合作研究項目的領頭人介紹給我的多種語言的相關文獻。

丁學良｜政治與中國特色的幽默

周折才進入大陸。他覺得中國大陸的老百姓特別幽默，在北京的一個大國營百貨公司裏，他赫然發現牆上貼着《優秀售貨員守則》，有十幾條，其中一條是「不隨便打罵顧客」。張先生尋思，這一條的意思大概是：只要是慎重一點，即便打罵了顧客，也能夠當上國營商店的優秀售貨員。

大哲學家黑格爾有一句名言，在東方專制主義制度下，全國只有一個人是自由的，其他人都沒有。[7] 這從政治幽默上也可以體現出來，比如說，文化大革命期間，誰敢「幽」當時中國政治的「默」，弄不好就會被扣上現行反革命分子的帽子。但全國有一個人可以隨意幽默，那就是毛主席本人。美國國務院前不久新解密的一份檔案中，收錄有生猛的一條。那是1973年2月17日，毛澤東接見美國總統國家安全顧問基辛格博士，對這位外賓說：「我們現在兩國之間的貿易少得可憐，中國是一個窮國，東西不多，但是有一樣東西我們很多，就是女人多。」基辛格也很靈巧，立刻就玩笑過去說：「你們中國如果向美國輸送婦女，我們可以免關稅。」毛馬上表示：「在我們國家，女人真是太多了，不停地生孩子。如果把她們都送到你們美國去，就給你們製造災難了——你們負擔就會很重了。」毛講了這話後，他身邊的女翻譯唐聞生等人非常尷尬。毛見此狀，馬上講：他關於中國婦女的這些話，都是胡說八道，但他不在乎傳出去。[8] 他老人家怕誰？

毛澤東之後，中國人的自由程度雖然沒達到高級階段，但還是大大的提升了。於是，政治幽默就生產得既多又好。我

---

7 G. W. F. Hegel, *The Philosophy of History* (New York: Dover, 1956), pp. 123–124.

8 Steve Jackson, "Papers Reveal Mao's View on Women", *BBC News Online*, 13 February 2008.

政治自由與政治幽默 · 9 ·

認識很多在中國各界做事的人，常常發來政治幽默（很抱歉，多半是帶有黃色元素的）。今年春節前湖南長沙的基層幹部發來的一條說，最近，幾位中國科學院的院士經過研究，得出一個新的重要結論並榮獲國家科技成果獎，就是屁股比臉蛋更優秀。理由有幾條：第一光滑，不起皺紋；第二細膩，不長粉刺、水痘、雀斑；第三節儉，不用花錢保養美容；第四美觀，造型簡潔時尚；第五莊重，大氣且福相；第六，最重要的特點就是真誠，不會皮笑肉不笑、兩面三刀；第七謙虛謹慎，深藏不露；第八辯證，既一分為二又合二為一；第九高尚，忍辱負重，經常代人受過挨打；第十踏實，既能連坐連戰，也不怕壓成阿扁。

這個政治幽默，既把很多中國基層幹部的苦處總結出來，又把最近海峽兩岸之間的政治互動也概括了進去，國民黨的連戰和民進黨的陳水扁都被天衣無縫地幽了一默。

我覺得，今天的中國一方面有了越來越多的自由，但也不是那麼多、那麼正規，這恰巧是產生優質政治幽默的黃金時代，我們真是生逢其時！在這個有着悠久豐富文化傳統的國家，民間旺盛的創造力雖然不能在中國的官方媒體上得以自由表達，但至少能通過私人間流傳的政治幽默體現出來。我相信，再過若干年，如果把這個時代中國流行的政治幽默收集起來出版發行，傳給後世，一定是個了不起的文化遺產，使無所不包的中國特色又多了一個厚實的維度。

第二篇

說說「人民」：以民為本者的高危性[1]

　　如果問諸位一個問題：1949年以後的中國，哪一個政治概念是被使用最頻繁的？大家只要靜下心來稍微想想，就會答道：是「人民」。中國自1949年10月以來，「人民」這個政治概念方方面面、上上下下、無所不在，諸如：人民鐵路、人民醫院、人民郵政、人民法院(或人民法庭)、人民檢察院、人民警察(或人民公安)、人民審判員、人民武裝部、人民大會堂、中國人民對外友好協會、人民公社(現在沒有了)。所有的國家一級的重要報刊雜誌，幾乎鐵律一般，都冠以「人民」二字：人民日報、中央人民廣播電臺、人民文學、人民戲劇，人民畫報、人民音樂。更重要的還有：人民幣、中國人民銀行、中國人民保險公司、人民解放軍(或人民軍隊)、人民代表大會、人民政治協商會議、人民公僕、人民政府、人民共和國。

　　雖然自1949年以後，「人民」作為政治標籤，從中國最高層到最基層，從政治到經濟，從文化到體育，無所不涵蓋，幾乎所有重要的官方機構，都用「人民」這兩個字作前綴。然

1　本文的寫作背景，是適逢全中國正以各種方式紀念1978年年底中共十一屆三中全會開啟的「改革開放新時代」三十周年。此文於2008年7月4日在《FT中文網》一推出，就引發廣泛議論，其中最激烈的革命大批判文章出自《烏有之鄉》網站(現在已經被關閉)，題為「你也配說說『人民』?──致丁學良」。這篇大批判截止2016年9月初，仍然可以從北京《經濟觀察報》的網站上讀到。

而，在相當長的時間裏，在中華人民共和國，「人民」卻只是一個抽象的存在，而不是一個具體的存在。

比如，在我1984年出國以前，常常看見這樣的吵架：中國的服務場所，不管是人民商場、人民鐵路、還是人民醫院，許多工作人員的服務態度極壞。有時顧客或病人實在受不了窩囊氣，就指着牆上懸掛的毛主席語錄牌「為人民服務」質問服務人員：「你的態度這麼壞，哪有一點為人民服務的樣子！」工作人員最通常的反擊就是：「我是為人民服務，又不是為你一個人服務！」爭執到了這個地步，話就講不下去了。因為「你」不是「人民」，任何具體的顧客都不等於「人民」。工作人員不管得罪了幾千幾萬的普通顧客或病人，也沒有傷害到「人民」。「中國人民」那時有十億之眾，你有啥辦法把他們統統召集到一個場所來跟服務人員理論理論？因此，1949年以後，雖然「人民」這個政治標籤到處都是，但是很多年裏人民是抽象的。

而 「人民」一旦成為抽象的而非具體的存在時，就會導致很多的政治社會惡果。一個政策是好是壞，效果是良還是惡，衡量的標準如果不是具體的人民，哪怕那個政策再混賬、再荒謬、再瘋狂，哪怕它造成的後果再可怕，如果不是以具體人民的利益作為衡量標準，政策的制定者和推行者總會找到「正當」的大道理為其辯護。隨便舉幾個例子就會看出來，如果把人民抽象化，會有多麼可怕。

最著名的例子之一是1957年年底，毛澤東到莫斯科參加十月革命四十周年慶典，與蘇聯領導人赫魯曉夫發生了爭執。赫魯曉夫認為原子彈和氫彈改變了戰爭的性質，一打起核戰爭，不論是社會主義國家還是資本主義國家，整個世界也許都

會毀滅掉，哪裏還有什麼人民可以依靠？因此蘇聯不能與美國發生核衝突，必須和平共處。毛澤東批評赫魯曉夫右傾，說我就不信打核戰爭全世界二十七億人會死絕，我估計可能死掉三分之一或者更多一點。「死掉一半人，還有一半人，帝國主義打平了，全世界社會主義化了，再過多少年，又會有二十七億，一定還要多。」接着在1958年9月，毛澤東表示蘇聯應該派遣核導彈部隊到中國大陸來，不要怕美國用核武器攻擊。毛澤東再次強調：「為了最後勝利，滅掉帝國主義，我們願意承擔第一個打擊，無非是死一大堆人」。[2] 如果當時中國的黨政機關去問問那些具體的中國人民：假如你們家一半的人要為「世界共產主義」的勝利被原子彈炸死，你們願意不願意？我不認為會有一半的中國人真心舉雙手擁護。

此後不久，毛澤東為了「跑步進入共產主義」而發動的1959–1961年大躍進運動，「一大堆人」（海內外學術界推算總數在2600–4000萬人之間）餓死，創下人類有記載的歷史上最大的饑荒死亡記錄。這期間劉少奇等務實的高層領導人為了緩解空前規模的饑荒，施行少浮誇、少平調、少徵糧的糾左政策調整，毛澤東卻極為不滿，責備自己的接班人劉少奇：「你急什麼，壓不住陣腳了，為什麼不頂住？」劉少奇回答：「人相食，要上書的！」[3] 意思是這三年大饑荒導致很多地方人吃人，以後中國的史書不會不記下這一慘絕人寰的政策失誤的。據多位國內資深學者說，劉少奇原來的話是「人相食，你我要上書的！」正式出版時，這兩個關鍵的主語「你我」被刪

2　楊奎松：《毛澤東與莫斯科的恩恩怨怨》（南昌：江西人民出版社，1999年），第 417–418、429–434 頁。

3　「王光美：與君同舟，風雨無悔」，引自王光美、劉源等著：《你所不知道的劉少奇》（鄭州：河南人民出版社，2000 年），第 72–73 頁。

去了。南方一位省委黨校的老教授1990年代中期對我說：大饑荒的三年裏，毛澤東發表過多首詩詞，沒有一首表達過對數千萬中國老百姓餓死的同情。相反，他這三年寫的詩詞裏，處處抒發的是愉快得意的心情：「喜看稻菽千重浪，遍地英雄下夕煙。」「陶令不知何處去，桃花源裏可耕田？」「我欲因之夢寥廓，芙蓉國裏盡朝暉。」

所以我說，從1949年中華人民共和國成立到1978年的將近三十年裏，「人民」這個政治術語在中國到處都是，但都被抽象化了，現實生活裏人民什麼都不是。1978年年底中國發起的改革，使政策的出發點開始扭轉，轉到具體的人民身上。當然，這個漫長的過程是非常曲折的。1979年，胡耀邦等人親自組織的「真理標準」大討論開始，它提出了中共應有的基本施政理念——實踐是檢驗真理的唯一標準，即不應該再以抽象的政治口號、而應該以具體的實踐效果去檢驗政策的好壞。多年以後，「實踐是檢驗真理的唯一標準」這個抽象的哲學命題，變成了一句老百姓都懂得的大白話。鄧小平提的「三個有利於」中，一個「有利於」是要有利於人民生活的改善，這就是把「人民」逐漸具體化了。

在中華人民共和國，「人民」從抽象變得具體，有很多衡量的指標，最基本的可以歸納成兩條。第一，「人民政府」與人民的關係，即人民對各級政府能夠參與和監督到什麼程度？[4] 第二，「人民幣」與人民的關係，即人民在國家經濟發

4　據《亞洲自由電臺》報導，2016 年 10 月 16 日北京一群人提前為鮑彤慶祝誕辰的時候，高壽八十多歲的他發感慨：每年這時都提醒我，我的時間不多了。此外我還提到，中國的憲法有各種錯誤和缺點，但是第二條規定「中華人民共和國的一切權力屬於人民」是正確的。鮑彤說：「我想實現這條憲法的時間也不會太遠，應該有一個憲法修正案，凡是違反憲法第二條的法

展中能夠得到多少實惠？第一個指標，我以後再撰文詳談，本文先講講第二個指標。

中國改革的早期，鄧小平、胡耀邦、趙紫陽、萬里、習仲勛等中央領導人扭轉政策的方向，首要的是理順「人民」和「人民幣」之間的關係，使具體的中國人民能享受到具體的經濟實惠。比如，中國農村的聯產承包責任制，就是把抽象的人民變成了具體的人民。在這之前的「人民公社」，雖然在紙面上優越無比，但鬧得人民常常沒飯吃，那就不應該再搞這種玩意了。1976–1977年後的幾年裏，中國大陸的城市也允許沒有工作的人做個體戶掙點錢，這在毛澤東時代是不可想像的，那時代具體的中國人餓死是小事，「主義」的正確與否才是頭等大事。1980年代初期我聽到傳達萬里常務副總理的一次講話，他說要算一算賬，從1949年到1976年，我們因為決策錯誤造成了多少經濟損失？當時有些學者粗略做了計算，幾千億人民幣，接近一萬億，相當於那時代中國好幾年GDP的總和。萬里感慨地說，如果把這個數字告訴中國的工人農民，這些溫飽都沒有解決的人民還會讓我們再坐在這個位置上嗎？所以，萬里是那一代領導人中，最大聲提出決策要民主化和科學化的一位。他是明智的、心中裝着具體的人民的改革家。人民也不會忘了他，至少我們安徽鄉下具體的人民沒有忘記他：「要吃米，找萬里！」

從1982年年底到1983年秋季，胡耀邦等人集中在一個政治倫理領域，試圖在理論高度把具體的中國人民置於中共一切施政作為的出發點。1983年4月13日，中國為紀念馬克思逝世一百周年舉行大會，歷經文化大革命劫難的周揚作主題發

律法規都必須廢除。」可見我們幾代人在這一點上的體認是一脈相承的。

言，他大聲呼籲：社會主義要以人為本，要講人性和人道主義。周揚那一代人從自身的經歷中痛感，如果中國的政治體制不以人為本，不尊重人性和人道，什麼可怕的惡行都會發生。確實也是如此，「文革」中受害者超過一億，連中華人民共和國的國家主席都不能被中華人民共和國的憲法所保護，被折磨而死，遑論普通人民。周揚代表他們那一代人提出，人道主義是社會主義的核心價值，搞社會主義的主要目的如果不是使個人活得有尊嚴、人的生活和自由得以步步改善、個人的價值得以提升，那社會主義又有什麼意義？可惜中共黨內的毛主義者立刻發動了一場批判人道主義的運動即「清除精神污染運動」，使周揚抑鬱而終，使胡耀邦本人差點下臺。

現在四分之一個世紀過去了，當今的中國政府至少正面肯定了「以人為本」的施政理念，這是一個顯著的進步。客觀地講，中國人民大概是全世界最能體諒政府的人民之一。中國的執政者只要對具體的中國人民好一點點，具體的中國人民都會真心感激。這次四川「5.12特大地震」，中華人民共和國第一次為死難的普通的中國人民降國旗，中國人民是何等的感激！如果按照昔日毛主義時代的觀念，中華人民共和國的國旗，怎麼可以為四川七萬多死去的普通人降旗呢？七萬多具體的中國人不等於「中國人民」！

所以筆者反復強調，中國過去三十年在「改革開放新時代」大旗下的改變，最為核心的就是，在這個叫作「人民共和國」的國家裏，「人民」正在變得越來越具體，也就是說，人民的實際利益變得越來越重要。但這是很漫長的進步過程，有些人並不贊成這種改良。比如，前幾天(指2008年「5.12特大地震」發生後不久)有人教導四川地震中喪失了孩子的家

長們，不應該依法追究建造成千上萬豆腐渣校舍的那些人的責任，據說這會給我們國家「抹黑」，云云。這種邏輯的深層，與1978年以前盛行的意識形態一脈相承：具體的成千上萬的中國人的生命是小事，抽象的「主義」、「原則」才是大事。對此，我的反響則是：過去中國三十年的改良，雖然還沒有把「人民」和「人民政府」的關係理順，但至少在理順「人民」和「人民幣」的關係上取得了很大的進步，也即把提升大部分人民的福利、給中國人民以具體的實惠，當做主要的施政目標之一，這亦是中國社會穩定的主要良性支柱之一。

從這個意義上來講，中華人民共和國各級政府在制定和落實政策時，如果忘記了具體的中國人民，偏離了具體的人民的實在利益，就會出大事。

非典型領導人胡耀邦——高危性之實例[5]

當下的胡耀邦誕辰一百周年的官方紀念活動，肯定會比過去任何一年都推出更多的報導和回憶。其實，關於這位生雖逢辰、死卻不逢辰的中共高層領導人，人們已經說得夠多、也寫得夠多了。撇開官方黨八股不談——胡耀邦本人很討厭黨八股，所以我們盡量不要以此來煩擾他在天的英靈——，中國民間和正直的體制內人士紀念胡耀邦的文章，最大的公約數是說

---

5 這一部分是在上述評論刊出多年之後的 2015 年 11 月 20 日發表的，也是由《FT中文網》頭版推出。在 2006–2008 年我常駐北京工作期間，紀念胡耀邦還是被嚴格限制的，只能私下裏進行，筆者參加過。那時我就想把胡耀邦在中共高層領導人中的不同凡響特質做一總結，為此等候了七年多。本文獲得 2016 年「亞洲出版人協會年度最佳評論獎」：SOAP Award of Excellence in Opinion Writing 2016, *Financial Times*《FT中文網》，2016 年 6 月 17 日報導。

他是一個「好人」。筆者當然也贊同這一評價。

然而，若是要更深入幾層來總結胡耀邦的遺產(其實更準確的提法是「遺憾」)，筆者則願意作如此概括：在中共高層裏面，胡耀邦是為數極少的「非典型(atypical)領導人」之一。「非典型」在這裏是社會學經驗分析「不屬於大多數、不屬於主流類型」的意思，也就是說，胡耀邦與他的大多數經歷類似、地位相當的同事們非常不一樣。正因為如此，在中國內地有許多的人感謝和懷念他，有無數的人為他感歎和惋惜，也有不少的人挖苦和嘲笑他，更有少數人全盤否定他。

從「權力學」的視角理解胡耀邦

胡耀邦作為一名中共高層領導人，他體現的「非典型」素質或特徵可以列出好幾條來。限於篇幅，本篇評論只能討論其中的一條，因為它是基礎性的，那便是他與「權力學」的關係。

對於整個二十世紀的中共黨員尤其是幹部們來說，重視權力是理所當然的。毛澤東從1920年年底開始，就不知疲倦地開導他的青年夥伴們說，革命的目的就是奪取權力：「共產黨人非取政權，且不能安息於其[注：指當時的中國政府]宇下……。我看俄國式的革命，是無可如何的山窮水盡諸路皆走不通了的一個變計。並不是有更好的方法棄而不採，單要採這個恐怖的方法」。[6]

毛澤東做了中共的最高領袖後，更是每日每時以「權力學」訓導其下屬，直至他政治鬥爭的終結階段：「革命的根

6 毛澤東 1920 年 12 月 1 日「給肖旭東蔡林彬並在法諸會友」信件，《毛主席文選》(南昌：中共江西省委黨校紅色造反派總司令部編，1967 年 8 月版)，第 1 集，第 18 頁。

丁學良 | 政治與中國特色的幽默

本問題是政權問題。有了政權就有了一切，沒有政權就喪失一切」。[7] 胡耀邦那一代的中共幹部，人人都知道毛主席的這些教導。可是，對於他們本身來說，「權力」意味着什麼，是在經歷了文化大革命的全過程，才有了百分之百的痛切體會——有權就有了一切，無權就喪失了一切。這在中華人民共和國真是絕對真理。

不過，與中共官方宣傳所講的大不一樣，這句體現了絕對真理的名言之主語首先並不是指「我們黨」，更不是指「我國人民」，而是指具體的幹部「我本人」及其親屬。因為整個文化大革命期間，中共並沒有下臺，依然是中國唯一的執政黨。至於中國人民，本來就沒有接近過權力的邊沿，更談不上喪失了它。可是，文革中大多數黨政幹部卻喪失了權力，於是他們及其家屬就喪失了原先依附在權力上的一切有形無形的好處，許多人甚至喪失了至親至愛。這個從有權到無權的過程實在太沉重、太痛苦了，一定要從中吸取充分的教訓。

胡耀邦自文革後期與他的大多數同事們一步步分道揚鑣，是從這兒開始的——胡漸漸地成了高層領導中的一個「非典型」者或異類人物。

「權力」的主人——抽象的、遙遠的、具體的

對於文革以後復出政壇的大多數黨政軍企事業部門的領導幹部來說，他們吸取的諸多教訓裏面最核心的是：「人民的權力」是絕對不能落到實處的，文革中幹部受盡折磨，就是讓老百姓有權造反，人民一有權中國必亂套。「黨的權力」是

---

7 《人民日報》1967 年 8 月 13 日頭版發表《青海省革命委員會致敬電》所引的毛主席語錄。

真的，但還是比較遙遠，因為「黨」是那麼龐大，層次級別那麼多，誰是「黨」呀？文革中大辯論革命群眾最常用的質問各級幹部的話便是：「你算老幾，你能代表黨？只有毛主席為首的紅司令部才代表黨！」所以，對於各級幹部來說，「黨的權力」如果不落實到自己的手裏，也就沒什麼實際的意義。本人的權力才是最實在的，不然，自己和家人啥好處也得不到。當今的中共中央紀委巡視組所揭露的「寄生性家族式利益共同體」現象（詳閱中紀委網站2015年6月16–17日公佈的巡視意見），早在1970年代末期就已經片片繁茂成長，儘管那時代的金錢物質利益規模相對很小。

文革以後復出的幹部，大多數都是不失時機地抓權搶權，借此把文革期間喪失的一切實惠撈回來，甚至要加倍償還。這種「有權不用，過期作廢」的心態是官場之常情，越來越放縱，鬧得多處地方民眾貼大字報揭露抨擊、遊行抗議，搞得連鄧小平都看不下去了，於是在1979年年底同意推出反特權反腐化的約束幹部規定。鄧還坦率承認：「看來，作出這個規定稍遲了些⋯⋯。上行下效，把社會風氣也帶壞了。過去我們一個黨委書記，比如一個縣委書記、一個公社黨委書記，有現在這麼大的權力嗎？沒有啊！」[8]

胡耀邦力圖解構「權力學」

與他的大部分同事們不一樣，胡耀邦在文革結束之際，痛苦地、系統地反思中國的「權力學」，得出的是另一種結論。作為中共最高領導層的一員，胡的反思雖然不能夠完整系統地發表於中國大陸的官方媒體，還是可以從他的親友和同

8 《鄧小平文選》（北京：人民出版社，1983 年第 1 版），第 187–192 頁。

事們的很多文論和回憶錄裏找到一些片段，梳理出大致的脈絡。

　　胡耀邦首先不認可「文革動亂十年，根子是人民有權造反」這種廣為傳播的似是而非論。恰恰相反，其根子在於中國的權力金字塔頂層發生了病變，惡化成以社會主義之名、行專制法西斯主義之實。「1977年11月25日，胡耀邦為《理論動態》一篇揭露『四人幫』的文章寫的按語中說：『隨着他們權勢的擴張，在他們身上表現得最突出的，則是農奴主的封建專制思想和壟斷資本主義的法西斯思想』」。[9]

　　整整三年之後，胡耀邦在中紀委會議上進一步抨擊文革期間「農奴主、法西斯」現象的兩大特徵：「一是個人崇拜登峰造極，達到荒謬絕倫的地步。黨內出現了大大小小的救世主，大大小小的奴隸。……二是『有權就有一切』，一些人拿了權到處做壞事」。[10]雖然胡在這裏沒有具體點名，聽者和讀者都知道抨擊的矛頭直接指向誰。

　　胡耀邦在反思「權力學」時，還特別揭示了中華人民共和國的貧困化根源究竟在何處：「只要人民富裕起來，我們就有辦法了。……國家的利益離開了人民的利益，就是抽象的，沒有意義的。試想，離開了人民，還有什麼國家？」[11]對照這幾年中國內地主流媒體時不時高調宣傳的「沒有國家，你什麼都不是！」之類的政治倫理觀，真令人有回到1911年辛亥革命之前的中國的感覺。

9　摘自中共中央黨校教授沈寶詳的發言，廣州：《南方週末》2009年2月12日座談會紀要。《理論動態》是當時中央黨校主辦的一份高級內部刊物。

10　《三中全會以來——重要文獻選編》（北京：人民出版社，1982年第1版），上冊，第577頁。

11　《胡耀邦思想年譜》（香港：泰德時代公司，2007年第1版），第845頁。

胡耀邦解構「權力學」的思路，在他直接領導過的幾個領域裏都有實踐，儘管效果有限，還是起到了重要的進步作用。比如推動對幹部特殊化的約束規定、為中共歷屆政治運動的受害者平反、諒解北京民主牆運動的參與者、寬待京滬等大城市高校區人民代表的自主競選、黨政之間的分工、經濟發展規劃把「富民」置於「富國」之前、新聞工作中體現「人民性高於黨性」、提倡文化和意識形態管理的「民主、和諧、理解、信任」，等等。公平而論，胡耀邦並不是獨自冒險推動這些進步，幸虧他在中共中央書記處裏有一個得力的小團隊，他們都理解為什麼要冒風險做這一切。每當胡耀邦遭遇忽明忽暗的阻抗和壓力時，他們都會設法為他分憂分壓。這就部分的彌補了胡耀邦心直口快、缺乏心機、不善謀略、待友待敵幾乎一視同仁的弱點。從當年參與這些大事件的對立派別的回憶錄裏，我們讀到，這個團隊裏最能與胡耀邦風雨同舟的人，是習仲勛、萬里、胡啟立。胡耀邦的主要助手之一後來感歎：「好在有個習仲勛同志，要不然，我們的日子就過不下去了。就靠他，我們才撐過了難關」。這些回憶和感歎是遠在中共十八大新一代領導人接班之前表達的，是實事求是的。[12]

從「以權為本」轉型到「以民為本」

胡耀邦自從文化大革命結束到他被迫辭職的十多年裏，所思考的絕大部分問題、所嘗試做的絕大部分事情，均基於一個路子，那就是如何讓中國的黨政系統從「以權為本」轉型至「以民為本」。這個「以權為本」的體制自從列寧奠定基

12　秦川等人的原話，引自《鄧力群自述：十二個春秋》(香港：博智出版社，2005 年第 1 版)，第 302、318、338–339 頁。

礎、尤其經斯大林和毛澤東畢生的大力完善，發展到極端複雜精巧的程度。用最簡單的話來描述它，就是：用盡一切辦法把「人民的權力」虛幻化，讓其永遠只存在於官方宣傳品裏；同時，強調要用盡一切辦法最大化「黨組織的權力」；最終，用盡一切辦法把黨組織的權力落實成「本人的權力」。[13]

胡耀邦絕對不是像毛左分子或極左派所指責的那樣，是一個「共產黨的同路人」、「資產階級自由化的大後臺」——《鄧力群自述》裏充斥此類指責，包括對胡耀邦的經濟發展要以富民為目標主張的嚴厲聲討。在中華人民共和國裏，連推動「富民政策」都要被聲討，這不是最高級的政治幽默又是什麼？！胡耀邦直到生命的最後一天，都是一個真誠的馬克思主義者和共產黨人。他決沒有試圖取消「黨的權力」，他只是力圖改變「人民的權力虛幻化」的長期趨勢，阻止把黨組織的權力落實成「本人的權力」的種種花招。換言之，胡耀邦試圖使中國當今執政黨的權力持續地良性化，以「如何對待人民」來衡量執政黨是好還是壞。對此，在他身邊工作過的多位人士的回憶錄裏，記載得很細緻。[14]

胡耀邦的許多同事都無法容忍他這麼繼續做下去，但他們也無法公然把胡的問題歸罪於他力求以民為本，那顯得太荒唐了，因為這是一個從政府到軍隊到警察到貨幣到醫院都冠以「人民」稱號的國家。他們更無法把胡的問題歸罪於他試圖阻止把黨組織的權力落實成「本人的權力」的種種花招，那也顯得太丟人了，連「高級黑」的高手都難以這麼公然抹黑。於

13　對此一簡化的描述參閱Janos Kornai, *The Socialist System. The Political Economy of Communism* (Princeton University Press, 1992), pp. 33–61.

14　參閱胡績偉：《從華國鋒下臺到胡耀邦下臺》(香港：明鏡出版社，1998年第1版)，第344–352頁。

是，他們就以「包庇縱容資產階級自由化」的罪名把胡耀邦趕下臺；這個罪名在中國內地的官方話語體系裏，暗示的是胡不盡力維護特殊利益集團，太看重人民的意願，也就是太以民為本了！胡耀邦下臺後不久低調造訪他曾經工作過的地方，被當地的民眾認出來，受到熱誠的包圍歡呼。他意外之餘動情感歎：沒想到下臺以後威信未減，影響更大了。人民群眾還對我這樣！[15]

其實他早就應該想到這一點。二十世紀中期以後的漫長歲月裏，具體的中國人民被善待的時候實在太稀少了，只要大權在握的人對他們真好一些，他們就永遠不會忘記他。中國的民眾可不像中國的權貴，對權力崇拜得那麼五體投地。這幾天裏中國內地無數被組織起來紀念胡耀邦誕辰一百周年活動的幹部、黨員尤其是年輕人，你們瞭解胡耀邦的這些「非典型」的言行嗎？若是不瞭解，你們可太看低了他。

四川，你會造這樣一座碑嗎？[16]

中國四川5.12大地震之中，可歌可泣的人和事不計其數。震後重建家園時，一定要廣徵海內外最好的藝術家，設計出最佳的碑亭塑像，讓那些地裂山崩關頭無與倫比的人物

---

15 參閱《懷念胡耀邦》(江西高安：永生畫冊，2008 年第 1 版)，第 80 頁。該畫冊之所以由這裏的一家工商機構出版，是因為中國內地很多年裏一直不容許由正規的出版社發行胡耀邦的紀念圖書。江西高安是胡耀邦的祖籍，然後從這裏遷徙到湖南瀏陽地區。

16 原發表於《金融時報FT中文網》2008 年 5 月 18 日。在中華人民共和國的土地上，具體的中國人民的身家性命得到重視之難上加難，從這件事上面可以看到最強烈的反光——直至今日，筆者尚未見到此碑建立。

丁學良｜政治與中國特色的幽默

和事件「凝固」起來，作為中華民族精神的寶貴體現，留給後代，永垂不朽。

這個建議，相信人人皆會贊同。

此時，我要建議震後的四川，還須建造另一座特殊的紀念碑——用那些倒塌的學校建築物的殘骸，建一座碑，可以考慮命其名為「永不」碑。

截止2008年5月17日早晨8時媒體的報導，震區已經有統計的倒塌教室高達6900間，這還不包括震中最慘重地方的學校，因為目前尚無法計算。在這近七千間教室的廢墟之下，埋壓着幾千個中小學生的肉體，以及隨着這些柔嫩的肉體一起被毀滅了的孩子們對明天的夢想，以及隨着這些孩子一起被毀滅了的爸爸媽媽、爺爺奶奶、外公外婆對他們未來的期待。

我們能夠忘記這一切嗎？天理、人倫、法律的哪一條允許我們忘記這一切？

大批教室的倒塌，原因是多重的：農村和偏遠城鎮的貧困，使能夠用於學校建築的撥款太有限；小地方的技術水平較低，建造抗震房屋的力量可能不足；國家明文頒佈的建築條例，到了基層往往就成了一紙空文，工程驗收徒有虛名；那一點有限的學校基建資金，經過一些腐敗的負責人和偷工減料的承包商的克扣，又大大縮了水，等等。所有這些原因造就的大批「豆腐渣」工程，一到關鍵時刻，就變成了殺人惡魔。

以上這些原因，可以用三個範疇概括：貧困、失職、腐敗。第一項需要通過公共政策的調整來補救，後兩項必須經過法律來追究懲處。幾千個孩子的生命，如果不能換來監督制度和公共政策方面顯著的、實質性的進步，那我們還要付出什麼樣的更高「學費」？

中國兩家大媒體的記者在報導四川地震的時候，用了一句話，令人永生難忘：在許多村鎮裏，學校房子倒塌壓死了那麼多孩子，意味着這裏喪失了差不多整整的一代人！

任我們流多少淚，也沖洗不走喪失了孩子——許多是獨生子女——的父母們的傷痛。

5月16日，在回答《中國日報》等記者提出的中小學房屋倒塌比其他建築更嚴重的問題時，中國住房和城建部部長姜偉新表示：「豆腐渣」工程在任何時候都是不被允許的，如果最後調查出來有偷工減料等問題，一定要嚴肅查處。

公眾期待着你們嚴肅查處的透明過程和正義結果。

我建議四川在災後建造一座名為「永不」的紀念碑，其含義有二：永不忘記已經發生的這些悲劇；永不讓這樣的悲劇以後再發生。

四川會不會用那些倒塌的學校建築的殘骸建這樣一座警誡碑呢？讓我們來看一個有意義的先例。

第二次世界大戰後德國人在西柏林建了一座特別的紀念碑。在戰爭的最後階段，盟軍把柏林城轟炸得體無完膚，一座著名的古教堂被炸燃燒得只剩下半壁殘牆，搖搖欲墜。戰後重建時，一部分人的意見是清除它，因為它立在市中心，既難看又危險。另一部分人的意見是設法保留它，以警示以後的德國人不要再發動戰爭，以免自己的家園焚於戰火。

後者的意見被明智的政府採納。於是建築設計師緊挨着古教堂的半壁殘牆，建起半壁玻璃鋼的現代主義建築。這樣一來，舊半壁就有了依託保護，不會倒塌。新舊一體，仍用作教堂。明麗的新一半直聳雲天，展示着欣欣向上的生氣。在它的襯托下，那被炸燒焦的舊一半顯得格外淒涼死寂。兩相

對比，把戰爭的可憎與和平的可愛這一主題，發揮得淋漓盡致！如此匠心獨具，使該幢建築在遍佈歐洲的千百座二次大戰紀念物中，鶴立雞群，名震遐邇。1990年春，我們開車橫貫中歐八國考察，駛入西柏林時，正值晨曦衝破藍天。我立在這座反戰紀念物前，對它透露出來的民族反思的道德勇氣和化殘壁為奇景的神工鬼斧，真是歎為觀止！

世人都讚賞德國對第二次世界大戰的深刻反省和戰後復興的宏業，若無直面正視自己過去所作所為的坦誠心胸，哪來的深刻反省？歷史之所以對未來有意義，就在於它保留了前人和我輩的善行和劣跡。若刪去劣跡，只留下業績，歷史就成了粉飾。它對後代，只有誤導作用，沒有教育價值。

個人的進步、群體的繁榮、民族的復興，全都要從正視自己的真實過去開始。惟有智慧的強者，才敢看着自己的醜陋處不蒙眼、不託辭。

我引這個例子，並非是説發動侵略戰爭與建造「豆腐渣工程」是百分之百一樣的行為；當然不是。我強調的是：震後重建家園時，四川要給震災中湧現的感人不朽的「善」行立碑，也要給震災中暴露的不可饒恕的「醜」行立碑。

為奪去了幾千個孩子生命的「醜」立碑，在我看來，是愛國主義價值觀的體現：你若真愛這個國家，你不能不愛它的國民，不能不愛這個民族的未來——孩子們。

四川同胞們，如果我不建議你們建這座碑，我對不起你們。如果你們不建這座碑，你們對不起自己。

具體的中國人民遭遇「維穩體制」[17]

　　中國最高層於2014年7月29日下午，正式宣佈對中共中央政治局前常委周永康違紀行為立案審查，無疑是最近這段時間裏全中國的頭等大事，也是全世界最關注的頭等大事之一，無數的海外報刊都把它放在第一版報導評論乃是明證。根據北京《中國青年報》8月4日公佈的中青輿情監測室7月份全中國「月度輿情指數」，「大老虎」周永康落馬位居民眾輿情滿意度的第一名。

轉型的發展中國家難有「純粹」的反腐大案

　　中國內地媒體上述的輿情報導，顯然與國際上主要媒體對周永康案件的視角大不一致，後者發表的言論多半是將其歸結為中國的「高層權力鬥爭」，而對周大老虎腐敗行為在中國民眾裏面招致的廣泛民怨，寥寥只置數語。在這件事情上，我不願意照單全收國際媒體發表的那一類定調。主要理由是：在所有的發展中國家和轉型社會裏(中國恰恰是二者的疊加)，大型反腐敗案件中的絕大多數，都帶有高層權力鬥爭的成份，或多或少，很難全免。如果我們只是贊成和支持「權力鬥爭成份為零」的純粹反腐敗大案，那麼在中國這一類國家裏，大概就永遠不會有中等規模的「老虎」被打了，更不用提什麼「大

---

17 原發表於《金融時報FT中文網》2014年8月5日。為着在中華人民共和國推進具體的中國人民切身利益的進步事業，像胡耀邦那樣的高層人士要冒很高的風險，像譚作人這樣的普通人則要冒更高的風險。筆者在「5.12四川特大地震」之後，只是撰文呼籲要為死去的成千上萬名學童立碑，而譚作人卻是身體力行，為此他立刻被「人民警察」抓捕、被「人民法庭」判刑坐監。這裏面的黑色幽默之高級水平——就如卡夫卡所顯示的，黑色幽默裏常有極端的荒謬元素——不是「高級黑」能夠黑出來的。

老虎」。若此，中國老百姓只能生活在「老虎王國」裏永不能自拔。所以，只要打某一個「大老虎」的客觀效果有益於該社會一定程度的改善進步，我們就應該對此給予大聲的支持。所以，筆者是基本上認同《中國青年報》以上的輿情報導的——貪污腐敗的周「大老虎」被亮相，確實得到中國廣大民眾的真心擁護。

不過我必須強調：迄今為止中國的主流媒體上，還沒有明白點出周永康案件除了貪污腐敗以外的最重要的一類違法行為——以違法的方式對付中國民間的合法維權活動。這個黑洞若不被清除，周大老虎及其同夥對中國社會造成的最大傷害、也是他們對中國政府與中國人民關係造成的嚴重破損，就可能被忽悠過去。

一份地震災區公益報告「被違法」

讓我從一件距今不遠的特大災難事件說起，這也是我曾經歷並去調查過的。我們都還記得，2008年5月12日四川省發生的汶川地震，是人類有歷史記載以來發生的人命危害程度最大的地震之一。諸位只要去互聯網上搜索，大概多少還可以看到當年的災害造成的慘景。這場特大地震中最令人傷心的部分，是幾千名中小學校的學生被豆腐渣校舍壓死、更多學生被壓傷的細節。我當年參與過震後的一些社會救援活動，收集的相關照片和資料不敢多看，實在太慘了。災區整個一代的青少年，被毀滅了相當大的一部分。究竟有多少幼童青少年學生死於這場特大地震，為什麼那麼多學校的建築物特別脆弱，至今還沒有系統的令公眾信服的詳細查證和公佈。原因並不是沒有人關心這件特大悲劇，而是與周永康主政期間主導的維穩思

維有脫不開的關係：海內外有名有姓的人士(這裏只提及中國人、華人)費力系統地查找和計算死亡學生姓名家庭地址以及總數的，筆者從可信報導中讀到，起碼有四至五位。

其中一位是非常著名的藝術家艾未未。他隨後帶人去四川成都法院門口為死難學生查索案件出庭作證時，被有組織的暴力小團夥當眾打得頭破血流，然後被拖走，此後一度還被軟禁在北京的家裏，還被以「漏稅」的名義罰交鉅款。還有一位更加倒霉的，姓譚名作人。他的父母是四川高校的老教授，他本人也從事過教育工作，因此對學生被校舍壓死的悲劇特別傷懷。於是他召集了幾個志同道合者自費去汶川地震災區，力圖一校、一舍、一村、一鎮、一戶地作調查核實，很像當年毛澤東在湖南作農村調查一樣，以便獲得第一手的事實資料。

在譚作人他們的初步調查報告裏(海外至今還可以讀到29頁長、附有詳細表格的原文)，他交代了為什麼他們覺得必須從事這項公益事務：「這場特大地震造成了大量的房屋倒塌和人員、牲畜傷亡。其中，學校建築倒塌現象特別嚴重，大量的在校師生非正常死亡情況尤其突出……。校舍倒塌比例遠遠高於其他建築倒塌比例；在校師生死亡比例，遠遠高於正常人口死亡比例……。由於統計口徑和發佈途徑不同，對於在校師生死亡數量先後有三個不同結論出現：一、2008年5月21日，四川省教育廳廳長涂文濤在教育系統內部會議上的通報：四川省教育系統共死亡6581人，其中學生死亡6376人；1274人失蹤，1107人被埋。二、2008年5月26日，四川省教育廳公佈統計的在校學生死亡4737人，傷者16000餘人。三、2008年8月21日四川省教育廳統計通報的的師生死亡數據為5659人。由於政府發佈的資訊前後矛盾，互相衝突，加之資訊發佈內外有別、

隱瞞、遮蔽，由此受到質疑，並引起海內外媒體廣泛關注。」

儘管譚作人他們的實地調查沒有做完就被強行打斷了，但他們還是收集了很有價值的實證資料：「(我們收集的)數據顯示，本次對四川省64所整體教學樓倒塌和局部倒塌學校的不完全調查統計，5.12四川特大地震，造成遇難及失蹤師生5781人。綜上分析，可以看出約有53.05%的在校師生死因可以歸因為不能抵禦地震災害的問題建築，這些建築問題包括建築設計、建築施工以及建築質量；約有17.7%歸因為選址不當，以及對地質環境容量和環境風險估計不足；約有27.17%的在校師生死因可以歸因為建築陳舊老化，成為危房，沒有得到及時糾正，致使建築沒有抵抗地震災害的能力；約有1.72%的師生死因可以歸因為建築構建或附屬物垮塌，如圍牆、門等；約0.36%的師生死因可以歸因為到其他地方、學校參加學習、進修、開會、參觀、文體表演等活動，遭致不測」。[18]

緊接其後，譚作人他們的調查報告提出一些具體的技術性建議，以避免這樣巨大的兒童青少年傷亡悲劇在地震多發區域重複的發生。而中國內地近年發生多次重大地震，其中2010年四月發生的青海玉樹7.1級大地震，造成二千多人死亡，其中二百餘人是學生，一名港人義工亦在地震中犧牲。

在任何一個有初級階段法治的社會裏，以上的調查報告都會被高度重視，政府的相應部門都會給予適當的公開回應，系統翔實的追查核實行動會跟進而上，法律部門會啟動責任追究的正當程序，最終會導致負有主要過失的人員和機關——即便只是其中的一部分——被起訴懲罰。然而，在周永康主持中國法律系統最高權力的那個時候，受到這樣嚴厲處罰的人，

18 以上均引自筆者從譚作人志願者群體發來的調查報告電子版。

卻反而是出於公益目的作了實地調查的骨幹分子——譚作人本人。他因「從事汶川大地震維權活動，披露豆腐渣工程，2010年被法院判處五年有期徒刑、剝奪政治權利三年」。[19]

該篇報導還披露，譚作人被判刑的另一個主要原因，是他試圖抵制在地震災區附近再建設巨型的化工項目：「更有可能是因為他反對彭州的PX石化項目，在2008年10月發起和平保城行動，並向政府提交《關於成都彭州石化項目的公民意見建議書》。……英國《每日電訊報》2013年9月報導，彭州PX項目成為了中石油集團原董事長蔣潔敏貪污腐敗嫌案的調查核心，更牽扯到中共中央政法委前書記周永康，不過有關說法並未得到協力廠商證實。」[20]

事實水落石出後要還原法治

而到了今天，這些當時還屬於尚待驗證的線索，大體上都一步步地水落石出了。我們從中國主流媒體過去的幾個月、幾個星期、尤其是近幾天裏大量披露的細節中，可以看到周永康權勢集團在四川省是多麼的根深蒂固——曾任四川省黨政要職的李春城、郭永祥、李崇禧、譚力等等。同時也可以看到周永康利益集團在石油能源部門是多麼的盤根錯節——被周永康安排在該部門的蔣潔敏、王永春、李華林、冉新權、王道富等等。但是，若沒有「周大老虎」當年親自執掌的「維穩沙皇」寶座，他安排的這些貪官污吏在四川省和肥膩流油的相關產業系統裏都坐不穩，因為目睹他們的劣跡、受他們之害的舉報者——既有熟悉內幕的幹部，也有普通老百姓——實在層出

---

19 引自《BBC中文網》2014年3月27日報導。

20 同上《BBC中文網》報導。

不窮。所以，對周永康集團的清洗，必須落實到清除他過去多年裏極力強化的「周式機制」上——以非法手段對付依法維權人士的那一套可怕的機制。

當然，中國的法治改善進步是漫長而艱難的，周永康集團在十多年裏違法亂紀犯下的惡行、造成的冤案是極為可觀的，鼓吹一步到位、徹底清除是沒有實際可行的意義的。不過，在目前正在進行的針對周永康集團的清理工作中，翻出幾項具有普遍典型意義的案件，在法律上和技術上都不是難以操作的事情。而其中因當年的汶川大地震引發的上述案件，是特別有意義的。因為：第一，它把周永康「大老虎」伸手最深的地區和產業部門連接一起，這些地區和部門是重度受害的地方和部位。手術刀在這個連接點切下去，綜合醫療效果會更佳。第二，它在中國國內和海外，過去一直是最激起公眾怨恨的周永康集團的劣跡之一，重新依法處理這一遺留案件，大大有益於法治的進步。即將舉行的中共十八屆四中全會以推進法治為主要議題，拿出幾件典型案例給予正義的處置，大合民意，廣得民心。第三，譚作人他們幾位做的那項調查和基於實際災情提出的改進建議，在中國這樣一個地震多發國家的廣大鄉村地區、窮困集鎮(比如目前正在嚴重受災的雲南昭通)，具有特別普遍的公益價值。

我們都知道那句名言：「地震並不殺人，殺人的是建築物」。我要補加一句：「地震區的建築物並不殺人，殺人的是這些地區老不能根除的貧困和貪腐」。而汶川大地震校舍的錯案，只是其中最突出的之一，在周永康當政(中央政法委書記)的十年中還有更多類似的案件，需要在這個時候被重新提起，並用真正的法律準則去重新審理。

第三篇

我們要感謝「文革」的五條理由[1]

今年是中國重大事件「雙紀念」的特殊年份——正式發動文化大革命五十周年紀念，和正式結束文化大革命四十周年紀念。雖然在文革發動和結束的核心地區，這兩大周年紀念都被官方認真貫徹的歷史虛無主義掃蕩得罕見蹤影，在全球其他地區，卻有層出不窮的中文外文評論發表。這些文章的史料價值和評判立場各各有異，但似乎缺少了一個很重要的維度，那就是客觀評價文革的巨大正面後果，這裏的「客觀」是指避免極左的或極右的立場。

筆者在此整理出幾條理由，來解釋為什麼我們中國人要衷心感謝文革，依據的是歷史長時段的冷靜回顧，主要是1970年代末至1980年代末的全中國上下各級的反省，那是最真切和豐富的時段。以下的羅列順序只是為了行文的方便，並不意味着前面的一條理由就比後面的幾條更重要。

至少有五條重要的理由

我們要衷心感謝文革的第一條理由，是它讓絕大多數中國人終於明白了，對中國傳統文化尤其是其中蘊含的倫理道德，不能否定得太徹底。中國知識界對中國傳統文化的批

1　本篇評論於 2016 年 4 月 5 日第一次「天安門運動」四十周年紀念日，刊發在《金融時報FT中文網》。有些中國內地媒體轉載時特地改標題為「不感謝『文革』的五條理由」，令人莞爾，會心一笑：也是高級幽默。

判，從十九世紀末起就一波波不間斷，但只有1949年以後，才進到由強大的國家政權動員組織全民來批判本民族的傳統文化、且任何人為之辯護都可能被打成政治犯的嶄新階段。否則，文革期間子女公開批鬥乃至肉體折磨父母的事不會那麼普遍。到此地步，社會不再是人間世界，而是倒退至「人對人像狼一樣」的野蠻狀態。

近年來中國官方大力推動恢復傳統文化，其實是不必要的，因為在任何一個正常社會裏，人們對本民族的傳統都會有適度的尊崇和揚棄。徹底否定本民族傳統的異常行為，只能發生在政治極端主義體制下。只要政府不去強力干涉，民間一定會有多種多樣承繼、發揚、轉換傳統文化的智慧和途徑。

我們要衷心感謝文革的第二條理由，是它讓絕大多數中國人明白了，剷除資本主義等於是經濟自殺。1949年以後的中國經濟政策是步步壓制資本主義活動的空間，到了文革就進入「割資本主義尾巴」的最後階段。1976年以後凡是出訪外國的中共領導人，都震驚於資本主義國家的繁榮。更讓他們難受的，是同為華人社會的香港臺灣新加坡，都比中國大陸富裕許多倍，而且多半是在文革期間實現經濟騰飛的，儘管它們那時也不是議會民主的政體。過去二、三十年裏演化出來的所謂「政治權力壟斷加經濟自由半開」的中國模式，就是這麼受啟發而源起的，成為中國官方喉舌向海外推展的「中國特色」的核心板塊。[2]

我們要衷心感謝文革的第三條理由，是它讓絕大多數中國人明白了，滾動式的互相揭發、無情鬥爭等於是政治上的集

2　參閱丁學良：《中國模式：贊成與反對》（香港：牛津大學出版社，2014年增訂版），第2章。

　　　　　　　　丁學良｜政治與中國特色的幽默

體自殺。文革中被殘酷批鬥的幹部和黨團員，大部分都是以前歷次運動中無情揭發批鬥別人的積極分子。他們本以為自己過去當過革命打手，就戴上了「鐵帽子」永遠受保護。他們沒有想到的是，「這場文化大革命，是革過去革過別人命的人的命！」林彪這句精確無比的話，講明了毛澤東的不斷革命、永遠革命的動力學。輪番迫害過他人的人，被更多的他人輪番迫害，終於把百分之九十以上的人統統弄成了程度不等的受害者。於是，1976年後聽到下一輪迫害的動員令，越來越難以形成「上面一呼，下面百應！」「全黨共討之，全民共誅之！」(林彪語)的紅潮。

我們要衷心感謝文革的第四條理由，是它讓絕大多數中國人明白了，中國不能自絕於世界文明主流，關起門來胡亂瞎搞。近代中國本是對外交流逐漸寬鬆，得此之便，全人類文明的多樣元素娟娟細流侵潤華夏，從沿海到內地。這個大門在文革前已經狹窄異常，1966年起就完全關閉。於是多元、寬容、隱私、人道、人權、法治等等的現代文明要素，統統被塞進「西方資產階級意識形態」的籮筐掃進垃圾堆。正是在這種革命原教旨主義的大環境裏，不但學習外語、閱讀外國書籍是思想犯罪，而且對思想犯判死刑、不注射麻藥就生生割喉也成為順理成章的革命措施。[3] 多虧了文革對無數人施加的非人待遇，才使得人道主義、人權、法治這些人類文明和社會進步共推的價值，從中國內地官方的黑名單上解放出來，納入中華人民共和國的法律和文件。儘管落實起來步步艱難，至少今天它們不再是中共官媒每日大批判的靶子。

3　陳少京：「張志新冤案還有新的秘密」，廣州：《南方週末》，2000年6月16日第10版。

我們要衷心感謝文革的第五條理由，是它讓絕大多數中國人明白了，最高領袖的權力不能是毫無限制、隨意濫用的。中國的民眾、知識分子、官員，絕大多數歷來對最高統治者的權力照單接受，並且還常為其作合理化的辯護。[4] 毛澤東的「黨皇帝」──這是其弟毛澤民對他的稱謂──之特別權力自1943年中共政治局「三月會議」期間初步確立後，一旦遇到黨內同志的質疑，就以「革命需要」的理由順利過關通行。一直通行到文革中，把當年推舉毛為「黨皇帝」的團隊(以劉少奇、彭真為首)碾碎為止，黨內高層才猛然醒悟；1967年「二月逆流」中陳毅的牢騷就是因此而發的。[5] 你只要讀讀1976年後眾多中共老幹部的談話和回憶錄，就會感受，他們是如何的痛切反省──他們是自己拼命賣力「造神」運動的可悲犧牲品。

全國達成共識的基礎

以上五條在筆者親身參與和觀察的視野裏，是構成1976年以後十多年期間中國上下共識的基礎。若缺少了這些普遍分享的可貴認知，中國不可能從政經皆近乎崩潰的邊緣，那麼快就跨過深淵，邁入開放改革的復興正道。那個時段，中國有幾條不成文的「禁忌」，上下都不願意悍然打破，它們涵括政治、意識形態、經濟、社會管理、教育、文化、對外交往諸領域，生怕一打破又回到文革的深淵──那是幾乎所有官民的共同地獄，他們都還記憶猶新，不用提醒。

假如上述共識的內容被寫進普通學校的教科書，納入黨校

---

4 參閱胡德平：《中國為什麼要改革》(北京：人民出版社，2011年)，第99–111頁。

5 《文革名人徐景賢最後回憶》(香港：星克爾出版社，2013年)，第126–129頁。

丁學良｜政治與中國特色的幽默

的訓練大綱，編成公民讀物，當今中國的很多難題，都不至於在這麼低的水平上模糊出題、反復爭吵。因為目前惑人和爭吵的諸多問題，當年大體上已經弄清楚了。可惜自1990年代初以來，以上共識所依賴的苦痛經驗和反思，被持續地淡化和火化，以至於到了近些年裏，中國內地許多的說法和做法，彷彿是發生在一個從未經歷過十年文革的國度。

物極必反，絕地易道

讀了本篇評論，可以預見有些讀者的反駁會很猛烈：為了以上那樣的共識也要衷心感謝文革？那些只不過是現代社會的普通常識，難道不搞十年文革，人們就達不到那樣水平的認識嗎？

對此我只能回答：確實，它們不過是現代社會的普通常識。可是在那個時代中國的特殊條件下，如果不是最高領袖帶領一幫人折騰多年，一直把那條起初有着最美好許諾的路子走到底，窮盡其一切的可能，最終殃及到絕大部分掌權者和普通百姓的根本利益，全國上下就達不到那樣強烈的共識。在1966年之前的中國社會裏，早就有少數人具有那種洞見，比如著名的林昭女士和1957年「反右運動」期間吶喊的諸多知識分子和工商界代表，可惜社會條件並沒有提供給他們常規的平臺和渠道去傳播。只有讓文革期間每日每時的殘酷現實當教員，才能啟蒙億萬幹部和群眾。在正常的社會裏可以通過正常程序及渠道主動展示的政治經濟常識，在不正常的社會裏，只能通過不正常的過程來被動展示。為此，我們要否定文革，又要感謝文革。沒有文革導致那些神話的無法掩蓋的公然破產，也許我們中國人連今天這樣有限富裕和有限自由的生活都過不上。

文革的諸多正面積極後果，歸結為一點，就是告訴全中國的幹部和民眾，那條政治經濟極端主義和意識形態原教旨主義的道路，無人可以走通。

判別「文革」是否再來的三個路標

整整半個世紀以前，毛澤東籍綱領性文件《中共中央五月十六日通知》全面發動的文化大革命，在過去的近四十年裏──也就是自從中共頂層於1977年8月正式宣佈「文革」結束的時候起──，就不斷地被中國人和外國人問起：它是否會再來一次？每逢「文革」發動和結束的五周年和十周年紀念活動期間，這樣的問題總是會更加得到海內外學術圈乃至公眾的廣泛關注和深思。[6]

今年作為文化大革命發動的五十周年，這個特別的時間點本身，就正在激發許多國家和地區的政界、知識界、傳媒界和投資界出現討論的高潮。而如果人們聯繫到──怎麼可能不聯繫到呢？──最近幾年內中國已經發生的和尚未結束的幾樁重大事件和文化知識領域裏的熱點動向，「文革是否會再來一次？」這個問題，便成為現實含義沉重得教你無法一笑置之的拷問。

誠實而言，回答「文革是否會再來一次？」這類超複雜的嚴肅問題，是不可以信誓旦旦地拍胸脯去預言未來的。有句英語俗諺特別富有智慧：Never say never in politics！（在政治領域

---

6 即便是在言論空間日益收緊的中國內地，也有極少數刊物敢於提出這個敏感問題，參閱：「維也納大學著名漢學家 S. Weigelin-Schwiedrzik 魏格林教授訪談錄」（成都：《中外文化與文論》，2015 年 12 月號，第 269–278 頁）。這位德國學者很早就來中國實地研究文革，此篇回答很有分寸。

裏絕不可以說「絕不」！）──政治領域裏有太多太突然、太難預測的隨機變化，尤其是在尚未建立穩定透明的憲政體制的國家。儘管如此，我們還是可以憑藉過去的歷史經驗，輔之以比較政治社會學的視野，勾畫出「文革是否會再來一次？」的幾條邊界線。它們有如地圖上的路標，幫助我們判別文革式的政治巨變再發生的概率之大小。

在筆者根據親身經驗和研習繪出的「事態草圖」上，至少有三條邊界線最關鍵（其他較次要的邊界線以後再補充說明），它們堪作為警示性的紅路標，如果中國今後的事態演化跨過了其中的一條邊界線，對「文革是否會再來一次？」的肯定式判斷就將顯著上升。當然事先須明言的是，這三條邊界線的相對比重並非一模一樣，它們的相互關係在以下的討論中將作解釋。

第一條邊界線是社會管治性質的

這條邊界線可以這麼表述：如果中國大陸持續地、越來越多方面地壓縮中外之間的往來交流──這是一個醒目的路標，文革再來一次的可能度就顯著上升。

中外之間的往來交流之量和質的巨增，包括各行各界的人員、資訊、觀念的跨越邊界的形形色色互動，是1976年文革結束後中國內地本身和中國與全球文明社會之間發生的最醒目、意義最深廣的正面變化之一。只要這些中外往來交流的大門大窗還開著，任何個人或組織試圖再搞一次文革的籌劃，無論多麼精心刻意，就推展不下去。五十年前毛澤東能夠順利發動文革，其根本保障之一就是，那時候的中國大陸早已經與外部世界隔絕了，因此可以「關起門來打狗！」把門緊

緊關起來是必要條件，不僅這使得門裏邊全面開展打狗的作業成本低，打死打傷了多少讓外界難以知道、難以追究、難以救援，而且也使得被打的狗們無處可逃。

毛澤東早在1949年中共取得全國政權前夕，就步步朝着把中國大陸對西方世界的大門盡快關閉的徹底革命目標挺進，因為他要做的事情太有賴於此一必要條件了。毛於1949年初對斯大林秘密派到西柏坡會談的蘇共政治局委員米高揚說，中國的屋子太髒了，「垃圾、塵土、跳蚤、臭蟲」什麼都有。解放後必須認真打掃這所屋子，然後再請客人進來。[7] 次年1月13日，毛澤東就趕走美國官員、砍斷中美正式關係一事通報蘇聯外長：「我們需要贏得時間來整頓國內秩序」。緊接着毛發電報給正在蘇聯會談的中共代表團負責人劉少奇：美國撤退在中國大陸的一切官方人員「對我們極有利」。[8] 到了文革發動前夕，中國大陸不但隔絕於西方，也隔絕於蘇聯東歐，還隔絕於周邊地區，蒙昧主義已成社會常態，全國猶如一個鐵桶。若無這一完美條件，就無法對幾千萬的「黑五類」、「黑九類」分子發動持續不斷的精神折磨和肉體摧殘。

拜改革開放之後續影響，當今的中國大陸每年出境旅遊者有一億多人次（2015年是1.2億），入境來訪者幾千萬人次；在海外的留學生和訪問學者年度統計達百萬人以上（2015年是170萬）；各種各樣的現代化通訊渠道多少都有一些。門窗開得這麼大，實難再搞一次文革。即便有些人不能出境，有些人不能入境，有些人的護照被上交，有些互聯網站被封，有時某個

7　師哲：《在歷史巨人身邊》(北京：中央文獻出版社，1991年)，第379–381頁；《毛澤東年譜》(北京：中央文獻出版社，1993年)，第3卷，第448頁。

8　毛澤東文稿》(德國：慕尼克/維也納1982年版)，第1卷，第241頁；莫斯科AVPRF檔案，卷宗3目錄65，案卷364，第97頁。

地區被斷網，那也是定點定線的管控，至多是劃塊分片的管控，與文革前夕的完整鐵桶體制相比，是天差地別。

第二條邊界線是經濟體制性質的

這條邊界線可以如此表述：如果中國大陸經濟與外部資本主義世界的經濟體系越來越少連接串通、相互依存度大幅降低，文革再來一次的概率就大幅上升。

這條邊界線作為路標雖然不像上述第一條那麼醒目，但也是可以用長時段資料客觀測算的。中國大陸的經濟體系從1950年代初開始，快速脫離了世界資本主義市場的聯接；從1950年代末起，基本上是一個封閉的自我循環體系。官方宣傳說它是「自力更生、自足自給」，實際上它是倒退至半奴隸制的準戰時經濟模式，與現在的朝鮮體制屬於同一家族。這樣的模式雖然令老百姓吃不飽穿不暖，卻經得起國內政治和意識形態的折騰，因為你怎麼折騰，也不怕外資逃亡、外貿崩塌、本國貨幣兌換率狂瀉、外幣存儲枯竭等等。

而當今的中國大陸，已經深深植入全球資本主義的經濟體系，是世界第一大的貨物貿易國、名列前兩位的吸引外資國、快速上升的國際金融運行國、高新技術循環大國，等等。所有這些與國際經濟體的活生生串聯，都是中國黨政軍體系的輸血大動脈，它們一旦被折騰得萎縮乾枯，那就是國民經濟沉船的前兆。警鈴響幾下，船長大副二副們就得搶險：船要是給折騰沉了，他們也就當不成船老闆了。被海內外稱為「小文革」的1982–1983年的清除精神污染運動，剛發作了幾個月就停機熄火，原因就是它嚴重損害了中國的經濟開放改革。實際上，它的打擊重點是文化知識界，屬於上述的社會管

控領域，可是迫使它下馬的卻是經濟的動因。所以，一個持續對外開放的經濟體，是中國抵禦文革再來一次的主力軍。

第三條邊界線是權力運作性質的

這條邊界線劃分的參照點是毛澤東傾力發動文革的第一個大手筆，可以這麼表述：假如中國大陸發生了以武裝力量為直接手段、對數量眾多的高層文職官員進行頗具規模的清洗之事態，那麼，文革再來一次的可能度就急劇上升。

此處要害是「武裝力量vs. 高層文官」這個對子。中共雖然主要靠着武裝鬥爭取得政權，但1949年以後的長時段裏，毛澤東治理中國最核心的規則之一，是防止軍人隨意干政。毛在1950年代初到1960年代初、1970年代中期兩度重用鄧小平，主要因素之一也是鄧堅持貫徹這一規則(中國內地的資深觀察家戴晴女士多次稱鄧為毛的「監軍」，很是貼切)。[9] 因此可以這麼說，作為執政黨的中共，其權力架構長期的正常狀態是文官主政。[10] 如果突然出現動用武裝力量——包括正規部隊和核心警力——來對付高層文官，而且不是針對幾個，是針對批量眾多的高層文官，那麼，其含義是極具震撼性的。它表明，在黨政高層已經沒辦法通過正常的權力重組的規則，來達到人事

---

9 「鄧小平也成為中華人民共和國國防委員會十五名副主席中的一員，以及中共中央軍事委員會十二名委員之一。[在 1954 年 9 月，這兩個] 職位是極大的榮耀，因為毛澤東和鄧小平是這兩個組織中唯有的文人領袖，其他人都是軍中統兵將領。一年之後，這些勇將被授予中華人民共和國元帥的榮銜」(潘佐夫、梁思文：《鄧小平：革命人生》，臺北：聯經出版公司，2016 年，第 181 頁)。

10 參閱前引的比較研究共產黨體制的名著對此的解釋：Janos Kornai, *The Socialist System*, pp.45–48. 作者特別駁斥以「軍事專制」來界定從蘇聯東歐到中國的社會主義政權。

或政策的重大變更，這樣的目標受到高層文官多數的反對，於是只好動用武力。

這恰恰是1966年出現的狀態——毛澤東在許諾拉攏了林彪集團，同時對首都及周邊的軍警要害單位作了一系列複雜的結構調整、人員挪動、指揮鏈變更之後，對劉少奇為首的大批高級文官發動了連續清洗。[11] 嚴格說來，毛的這種權力運作並不能和一般界定的軍事政變劃等號，因為後者通常是一幫職業軍官秘密勾結起來，以武力推翻其頂層上司，而毛本人就是文(黨主席)武(軍委主席)頂層的一把手。所以，這只能從破壞中共黨政領導制度和組織原則的角度去解釋：毛無法走正當程序改變大政策和高層人事結構，只好以遊擊戰手法先破局再設局。[12] 1977年以後鄧小平和陳雲那一代的高層領導人多次提及此一教訓，念念不忘。

小結：要素和整體

五十年後的今天，無數的中國人包括香港居民以及海外的華人洋人觀察者還在疑問：文革是否會再來一次？這種擔憂確有部分根據，1982–1983年的「清汙」運動、2008–2012年的「唱紅打黑」運動，是曾經發生的最醒目的類似文革實例。不過從以上的討論，我們還是能夠比較有把握地說，1976年以後雖然中國大陸有的時候、在有的方面或有的地區，發生過文革某些要素的回潮，但文革整體並沒有再來，上文列舉的三個警示紅路標沒有相繼亮燈。

11　宋永毅主編：《文化大革命：歷史真相和集體記憶》(香港：田園書屋，2007年)，上冊，第286–362頁。

12　李遜：《革命造反年代》(香港：牛津大學出版社，2015年)，上冊，第1章。

展望未來的十至十五年，文革要素回潮仍然會發生，並且會造成個人的或局部的悲劇，但文革整體再來一次卻極不可能，因為當今的中國大陸已經在擺脫文革發動的必要條件之路上走得相當遠了，已經形成的從上到下的多重利益結構使形形色色得益者們不願或不敢砸碎腳下的大船。即便有些人或幫派做夢再搞一次文革，那是虛張聲勢、力不從心。諸位若是不信，可回顧薄熙來一夥在中共官場的後二十多年（見本篇附錄討論的薄案所涉具體例子）。

小結：最近一兩年來海內外無數「文革又回來了！」的洋文中文言論，是驚弓之鳥的高音鳴放，值得我們高度警惕，但不能夠據此來展望中國的大走勢。

「文革再來一次？」的動力學問題

在最近兩年裏，海外甚至中國內地有關「文化大革命是否會再來一次？」的議論紛紛中，部分議論者雖然提供了多種蛛絲馬跡，以說明文革確實有可能重現於大陸，所以諸如「亞文革」、「十日文革」這類的說法比比皆是。不過，這類憂心忡忡的評論卻忽視了一個革命動力學（dynamics）的要害角度。本文試圖以幾個實例，來說明為什麼缺少了此種活生生的動力，像文革這樣超級規模的紅潮就激不起來。

「偉大舵手」一人無法駕駛大船

革命動力學是一個大系統，涵括的層面多多，其核心乃是行動的個人。雖然毛澤東要搞一場文革是從1962年初就堅定了念頭，但一直準備到1965年春季才具體操作。毛的三年精心策

劃中很重要的一個考慮，就是他這位「偉大舵手」（毛的四個頭銜之一）需要物色到完全合格的作業人手，否則他就難以把航船啟動，駛入驚濤駭浪且前景不明的文革大海之中。

首先，在中共高層幹部裏，文革發動前的籌謀三年期間，毛認為完全合格的作業人手並不多，其中以柯慶施和康生最為可靠且極其能幹。前者時任中共中央政治局委員、中共華東局和上海市委第一書記(綽號「華東王」)；後者時任政治局候補委員和中央書記處書記。依靠了柯慶施，找到在中共體系裏當時尚不屬於高層的作業人手張春橋和姚文元，毛的戰略佈置才能夠邁出第一步，點火發炮。[13] 依靠了康生，毛才能夠搞亂北京大學等首都高校，組織起「中央文革領導小組」並牢牢掌控，使它成為操縱文革進程的戰時特別內閣。毛先是用這個小組把中共的正式領導機構中央政治局和中央書記處拋開一邊，繼而對後兩者動大手術，抽筋斷骨。[14]

至此我們尚沒有論及另外兩位要人，江青和林彪。江青作為毛的政治妻子，任何時候都是丈夫絕對可靠的作業人手，不是需要他專門去物色的。林彪的情況更加複雜，有些研究者認定他從1960年代初起就上了毛的戰車，是毛發動文革的自覺自願頭號助手。還有一些研究者則力辯，林彪是被毛強拉上戰車的，半心半意地跟在毛身後開炮。[15] 筆者認為林彪就是一個正常的政治機會主義者，原先他並非完全自覺自願地為毛去砍殺別人，然而一旦毛許願他，若是能力助毛幹掉劉少奇集團就

---

13 李遜：《革命造反年代》，上冊，第 1 章。

14 仲侃：《康生評傳》(北京：紅旗出版社，1982 年內部發行版本)，第 20–22 章。

15 宋永毅主編：《文化大革命：歷史真相和集體記憶》，下冊，第 313–348 頁。

讓他接班之後，林彪就成為全心全意的毛戰車副手。這樣的機會主義心態在毛時代中共那樣的體系裏，是老傳統，不是新常態。

　　於是在中共高幹和接近於高幹的層級上，毛發動文革的作業人手就基本成隊了。除了以上提及的諸位和中央文革領導小組，還要加上軍隊警察部門的領導者謝富治(公安部部長)、楊成武(中央軍委日常工作負責人)等幾位。當然，僅僅依靠這幾十位高層幹將，小規模的文革可以搞起來，大規模的卻還是行不通──毛及其高層隊伍必須依賴中層的作業人手，他們就是遍佈全國各地的省地(市)縣級幹部裏面佔百分之幾的特別先進分子。這類幹部多達數萬，具體人名不便列舉，在很多關於地方文革的回憶錄和研究作品裏，讀者可以找到各地的代表性人物，比如上海市委裏的王少庸。[16]

必須具備的四種核心素質

　　如果我們回顧一下當年毛澤東本人及他控制的宣傳機構對所有這些高中級幹部裏的特別先進分子所作的評價鑒定，他們一律具備以下至少四種核心素質。第一，他們絕對聽從毛的指示，不管指示的內容是什麼，也不管新的毛指示和此前的毛指示有多少不一致的地方，他們都能夠以零時差的效率把大腦調整到毛的最新指示上，自己立刻貫徹落實並佈置手下的人員一系列地去落實。柯慶施早年把他們的這個核心素質講得最地道：「我們相信毛主席，要相信到迷信的程度！」筆者1966年下半年在紅衛兵組織的學習活動中聽到柯慶施這位皖南同鄉的此一教誨，頓時悟出他的水平在中共高層裏決非常人可比。毛

16《文革名人徐景賢最後回憶》，第 11 章。

當年企圖用他替代周恩來作總理，可不是心血來潮。

第二種核心素質是，他們具有在任何時候、任何地方發現「階級敵人」的特殊本領；如果實在發現不到，也能夠設法發明出「階級敵人」來。這種素質在1960年代初以後的歲月裏尤其受到重視，因為毛於1962年發出「千萬不要忘記階級鬥爭！」的指示。若是發現不到或發明不出「階級敵人」，其他的一切都開展不起來。毛那時已經在啟迪手下：「階級鬥爭，一抓就靈」。[17]

第三種核心素質是，他們對「死老虎」狠，對「活老虎」更狠。前者在1960年代是指那些已經被定性為反革命分子、已經被批鬥整肅、但並不是被關押在監獄裏的階級敵人；後者是指尚未被定性和清洗、甚至還在權力位置上「暗藏着」的階級敵人。正是由於還在位，還能夠憑藉掌控的資源做事幹活，所以更具有破壞力，對這樣的「活老虎」更不能放過。幹部裏的特別先進分子和這樣的「活老虎」往往就在同一部門，天天一起上班見面，所以，這條核心素質在毛時代的革命實踐中也就是：對敵人狠，對同事更狠。

第四種核心素質是，他們對自己做過的事和正在做的事，不論是多麼激進酷烈，絕不反悔。若是表示有點後悔，那也是後悔自己過去做得還不夠，還要再加碼做，一直做到底。這種義(注：是「主義」而非「義氣」)無反顧、不怕把事情做絕、絲毫不考慮終極責任(ultimately held responsible)的心智狀態，當然與自利的理性算計不可分開。他們相信把事情做得那麼徹底，對自己升官有利；但這同時也表明，他們不顧忌自己的所作所為最終可能會被追究，部分原因是他們不信宗教、不在乎

17《人民日報》，1966年10月1日，第1版。

上天報應這類說法。更重要的是，他們相信未來是在自己的一邊——他們必然是最終贏得歷史性鬥爭的力量。這種心理乃是重中之重，缺了它，人不敢把事做絕。

如今有幾多「革命打手」？

毛澤東能夠發動文革，必須依靠具備着以上四種核心素質的特別先進分子，他們在高中層幹部裏有一定比例，雖然不是大多數。這樣的人被別人貶稱作「棍子」、「打手」，但他們以此為榮。比如姚文元就很自豪，江青說他是革命的金棍子，毛澤東詩詞裏有「金猴奮起千鈞棒，玉宇澄清萬里埃。」毛1965年起決心置眾多的同事以絕境，數以萬計自覺自願的革命打手只待毛一聲令下，就猛撲向對方。

我們要問：如今即便中共頂層有人想再發動一場文革，能夠找到這樣數以萬計的自覺自願的革命打手嗎？筆者近年裏反復觀察思量，得出的結論是頗為保守的。就以上四種核心素質而言，具備第二種和第三種的幹部當今要多一些，具備第一種和第四種的少。四種核心素質皆有的，在當今高層幹部中能找到幾個，在中層幹部中能找到幾百個就不錯了，數以萬計是找不到的。

原因之一，是那麼多過硬的革命打手不是短時期裏就能培養出來的，毛從1940年代初就着手培養，到1960年代中期，歷時二十載有餘。原因之二，是恰恰有過一場文革，雖然過去已經有四十年，目前很多幹部都還記得那個狂暴時代的可怕，盤算着一旦再來一次，他們自己毫無把握不被革命的巨輪碾碎，這就令其不敢貿然出手大砍大殺。原因之三最關鍵，毛時代的革命打手對未來有必勝的信念，所以不在乎把事情做

　　　　　　　　丁學良｜政治與中國特色的幽默

絕。而如今的官員，對未來早就失去此種信心，明白今天是他們的，明天有一半還是他們的，後天就不屬於他們了，歷史不在他們那一邊。心中存了「日後怎麼辦？」的念頭，他們就不敢把事情做絕，不敢不留幾條後路，此乃人之常情。近年來所有關於中國內地的裸官現象，關於眾多幹部私下持有多本護照或外國居住證件、暗中設有海外賬戶(巴拿馬文件之類的事件還會發酵)和購置海外住宅、海外安排了秘密配偶等等，表明絕大多數的幹部都怕終結責任到來的那一天。手握實權的千百萬官員心中存有畏懼，是件大好事。

本文只分析了「文革再搞一次」的必要條件之一：高中層幹部裏的革命打手群體，初步結論是再搞一次文革非常難。筆者尚未論及中國社會底層的動力學，其中蘊藏的道理更具廣泛意義。

附錄：「毛家幫」幫規 vs.司法公正[18]

中共十八大開會期間，因為是預料到大會以後不久就要對薄熙來案件進行審判，海內外的簽名信和公開信活動不絕。

---

18 本評論的起因，是筆者 2012 年深秋季節幾乎每天收到中國內地和海外的函件，要求在薄熙來審判問題的公開信和簽名信上署名，於是筆者便作出此一公評，刊發於 2012 年 11 月 18 日的《紐約時報中文網》上，其時中國內地還可以閱讀到該網站。筆者隨後返回內地，遇到幾位曾經對薄案做過調查的學者，告知：那些公開信和簽名信噴湧而出，其中一個重要原因確實是發起者裏面有人獲悉了「緊急狀態」，此即筆者的相關解釋：「以上的呼籲活動又因為這類『消息人士透露』而增添了緊迫性……說薄熙來自今年(2012 年)3 月被『雙規』後，對調查採取對抗態度，並對調查人員指斥呼喝。在他被終止人大代表後，最高檢將他正式逮捕，移送秦城監獄，他一度絕食，甚至還有更劇烈的反抗，似乎要『不成功便成仁』」。迄今為止，他既未成功，也未成仁。

署名「老共產黨員」的有之，以「左派、中間派、自由派人士」為名的也有。據筆者收到的其中一份電子文本報告(顯示的是簽名進展，截止於2012年11月16日)，該簽名信已逾千人聯署。公開信和簽名信呼籲要公正審判薄熙來，嚴格按照法律審判，並給予他中國憲法及中共黨章所載明的公開申辯的權利。海外新聞報導也確認，薄熙來的親屬們已經在努力作準備，非常在乎聘請到獨立的律師做其辯護人。

不論是這類公開信和聯名信所主張的，還是薄熙來親屬們所要求的，總歸就是要中國政府在審判薄時落實司法公正。鑒於該份千人聯名信「左、中、自由派人士」均有參與，所以被牽頭者作高度評價，說它是中國大陸走向民主和法治的開始。

筆者要說的是：從嚴格意義上講，假定以上的簽名信和聯署信真正是標誌着中國大陸走上法治的開端的話，那麼，除了為薄熙來本人呼籲司法公正外，還起碼必須為以下一些人爭取司法公正的同等待遇，這樣才可以稱其為中國法治的一個里程碑。

第一，簽名信和聯署信除了要求按照中華人民共和國的法律程序來處理薄熙來的案件，也應該要求按照同樣的法律程序審理薄谷開來和勤務人員張曉軍，給予他們倆自己聘請獨立律師辯護的權利，因為這三人是「一窩案」。

第二，再向前追溯，也應該呼籲對王立軍案件落實司法公正，要呼籲給因為王立軍案件而受到牽連的很多人同等對待，因為按照官方媒體的報導，還有重慶好幾個警察和司法官員因為王立軍案件而被判刑。

第三，再向前追溯，應該為在重慶2008年之後「打黑」

　　　　　　　丁學良│政治與中國特色的幽默

運動中那些被抄家、關押、判刑、處決的人落實司法公正。「打黑」中的眾多案件錯綜複雜，許多人喊冤叫屈，應該重新審理，給予這些人或家屬申辯的機會。根據內地法律專家們以前在重慶做調研時所接觸的環節，在「打黑」過程中，像文強這類人，以及所謂「涉黑」的企業家、老闆，人數達到五、六千人(筆者也對此做過類似的調研，聽到的數字更高，將近八千人)。

第四，再向前回溯，還要把司法公正落實到那些用言論或法律為薄熙來的「打黑」對象伸張正義而遭到迫害的人，其中包括李莊案。[19]

所以筆者強調，假如那些公開信和聯署信把以上四個環節都連接起來，呼籲落實同樣的司法待遇，那它們就能夠體現出推動法治進步的意義(這類公開信和聯署信的參與人中也有真誠的人權主義者，本文不是說他們)。你們不久前對薄熙來用「黑社會老大」的手法，對別人施行抓捕、關押、拷打、抄家、判刑、槍斃，擁護讚美不已，而對薄熙來本人受到這些手法中的十分之一就大呼冤枉，你們高調所說的「司法公正」，其實是「毛家幫」式的，即以毛澤東的操作手法為樣板的革命傳統，是毛式「幫規」。

閱讀1949年以後的中國歷史，閣下能夠發現，從來沒有實行過真正意義上的司法公正的主要原因之一，就是普通的老百姓不是「司法公正」的對象。權力幫和利益集團偶爾提起這個概念，也是按照「毛家幫」的方式。回溯過去，能看到一線有趣但令人悲哀的脈絡。比如，毛澤東的秘書李銳在《廬山會議實錄》中記錄了1959年「廬山會議」時期的一些細節。他提

19 參閱《深圳新聞網》2012年11月17日所刊載的李莊署名《控告書》。

到，1959年8月，在批判彭德懷的時候，中央政策研究室副主任、毛的貼身秘書田家英私下就對李銳抱怨說：彭德懷是政治局委員(比薄熙來的政治局委員地位硬多了)，政治局還沒有開會討論，就讓下面批鬥彭，這太不應當了！

李銳又寫到，當時劉少奇卻在旁邊極力支持毛澤東這種明顯違反中共黨內章法的行為。李銳很感慨，劉少奇幾年後的遭遇令他想起唐朝詩人杜牧的文句：秦人不暇自哀而後人哀之，後人哀之而不鑒之，亦使後人而復哀後人也。因為幾年以後，劉少奇也成了毛的革命對象，他兒子劉源寫的《劉少奇冤案始末》中有記錄。劉少奇當時是國家主席、中共第一副主席，多次被批鬥。一次他被批鬥後，餘怒未息，拿出中華人民共和國憲法，義正言辭地抗議說：「我是國家主席，要罷免我，要審判，也要通過人民代表大會。」

李銳對此評論道：如果當年你(劉少奇)這樣為彭德懷辯護了，也許後來就輪不到你了。

還有與此緊接着的一例：1964年12月15日至1965年1月14日，中共中央召開工作會議。會前，黨的總書記鄧小平對毛澤東說，你身體不好，可以不必參加會議了。當時，毛跟劉少奇因為「四清運動」發生了很大的分歧。聽了鄧的話，毛很生氣。根據中共中央黨史研究室的資料，毛一手拿着黨章，一手拿着憲法，質問：一個不讓我開會(指鄧)，一個不讓我講話(指劉)，為什麼剝奪黨章、憲法給我的權力？[20] 很快，毛就發動了文化大革命，不但不讓劉少奇講話了，還最終剝奪了他的生命。很清楚的是，毛這幫人並不是不懂得憲法和黨章的意

---

20 參閱丁學良：「當他們拿出憲法的時候」，香港：《明報月刊》，2001年第4期，第48–50頁。

義，而是太明白了！當其權力受到挑戰時，毛知道拿起憲法和黨章為自己辯護；而當毛為了對付政治對手時，卻把憲法和黨章當廢紙。

薄熙來父輩及家人在文化大革命中也受過「毛家幫」幫規的懲罰，但薄家卻繼承了這個毛幫規。薄一波本人在1986年年底，積極帶頭以這個幫規拿下了胡耀邦的總書記一職。薄熙來在他任職的省市，多次活學活用這個幫規，一直用到他本人倒臺的那天為止。現在，薄熙來及其家人也希望能夠獲得司法公正，但是，這些人是否想過，如果薄家父子文化大革命以後，一直就真正按照憲法和黨章去履行職責，或許薄熙來今天不會有牢獄之災。「幫規」不可以混同於司法公正，這個淺顯的道理，薄家及類似家族的第幾代們才會信奉而踐行之？

不過有一點可以肯定的是，「毛家幫」幫規這把大刀一日不被丟棄，它就可能被使用在曾經多次揮舞過它的那種人的脖子上。

第四篇

僅僅為此，也忘不了中華民國在臺灣！

多年的思緒，長遠的追憶[1]

　　本文是應臺灣《新新聞》雜誌之約，評說中華人民共和國發起文化大革命五十周年的，怎麼用了以上的標題，扯上中華民國在臺灣？是在玩東北式的忽悠？玩香港式的搞笑？還是玩臺灣式的八卦？

　　都不是。本文是認認真真的回憶和反省，是誠誠懇懇的感激和傷懷，是趕在「不要太晚了！」之前的為史作證，哪怕這並不是官方正史，只是草民的個人經歷。

那破天荒的劇烈一步

　　文革在我那一代少年學子的記憶裏，是始於1966年6月13日下午兩點鐘——學校裏的擴音喇叭宣佈來自中共中央的指示：從現在起，一律停課鬧革命。何時復課，等待中央的有關指示。當時挺開心的我，初二年級尚未完，卻絲毫沒有意識到，從那一天起，我們就一步跨進了橫掃人類各種文化遺產的狂飆時代，其中又以「大破四舊」即剷除中華傳統精粹為烈。

　　從那一時刻開始，我成了母校安徽省宣城中學的全職革命

1　原作於 2016 年 5 月 4 日，發表於臺灣《新新聞》雜誌，5 月，總第 1523 期。

學生，一直鬧到1968年的年底。期間幹過正宗的紅衛兵小將應該幹的所有的文攻武衛、壯懷激烈，只差沒有殺死人和沒有被人殺死。可那也不是有意拒絕為之，而是碰巧沒挨上。凡此種種，我的《革命與反革命追憶》[2] 裏有細細交代，此處不再贅言。

毛澤東一聲令下，我們紅衛兵於1968年下半年始，被分批驅趕到農村裏接受再教育。雖然我們很快就明白了，「偉大統帥」的這個「你們要接受貧下中農再教育！」的指示是蒙人的花招，但還是陸續發現到，在偏僻的鄉下確實有令我們大腦開竅的少數幾樣際遇，其中一樣就得益於中華民國在臺灣。

來自海外的華夏古曲

那時的安徽南方農村，實行的是生產隊「大呼隆」作業：每天清晨村裏的大喇叭一響，我們就得以最快的速度穿衣服、拿農具、排成隊、唱着毛主席語錄歌走到田地裏，集體作業。每天都要勞作到天黑，十幾個小時，吃也吃不飽，累得精疲力盡。唯一的精神補償品，就是偷偷收聽發自臺灣的「自由中國廣播電臺」。農民隨身帶着一部手提式半導體收音機，是「黃山牌」，有幹部在場時，就調到北京的中央人民廣播電臺頻道，收聽革命樣板戲。沒有幹部在場，就調到臺灣的廣播頻道，收聽「敵臺」。

我們知識青年一開始，被農民嚇得不輕。「收聽敵臺」是文革中的一樁嚴重現行反革命罪行，在城裏有很多人就是因此而被抓住、判刑、坐大牢的。在距離宣城縣城二十餘公里的安徽勞動大學(是從原來別處城市裏搬遷來的)，一位躲在宿舍

2　臺北：聯經出版公司，2013 年 7 月，增訂版。

裏吃西瓜的教師，因為朝搪瓷臉盆裏吐瓜子發出的「滴答、滴答」聲響，被窗外的群眾專政大隊隊員誤以為是收聽「敵臺」，就把他抓起來，關押審問。而在偏僻的鄉村裏，農民們就敢在田地裏公然這麼幹！

他們大部分時候收聽的不是臺灣政戰系統編制的政治節目，農民不太聽得懂；他們最愛聽的是中國傳統戲曲，他們稱作「老戲」。這類老戲在民國時代是皖南農民們過年過節、紅白喜事期間必有的重頭項目，年紀大一點的，都還能有板有眼地哼上幾句。可惜到了1966年夏季以後，就完全被禁了。農民們覺得革命樣板戲差遠了，沒味道，起早摸黑，臉朝黃土背朝天，他們能聽上幾折子老戲，也算是靈魂裏補了一點氧。

人同此心，毛也不例外

像我們這些「生在新中國，長在紅旗下」的少年一代，對中華民國在臺灣的認知，原本是絕對的負面。每日每時中共宣傳都要把臺灣描敘得比人間地獄還糟糕，是美帝國主義庇護下的罪惡淵藪。可是跟在農民後面時常聽幾段傳統戲曲，再加上夾在其中的播音員短短的「對大陸同胞」的溫馨問候，不知不覺的，就大大降低了對臺灣的敵意。腦子裏時不時地會疑問：那邊的社會沒那麼糟糕吧？他們能把中國傳統戲曲保留得完整無損，也算是一樁善事吧？

多年以後我才知道，在這個問題上，其實毛澤東和他的最可靠的文革助手，私下裏的看法與皖南農民們是一致的。治中共黨史的名學者高華先生，十幾年前就跟我談到，文革發動之前毛澤東授意，要把最精華的中國傳統戲曲請最優秀的藝人演唱，錄製下來，他本人還想欣賞。中共理論部門編撰的史料處

處顯示，中共中央文化革命領導小組的首席顧問康生，一直就是個老戲迷，且堅持要看未經過「清潔」處理的原版戲曲，越鹹濕越過癮。[3] 也是多年以後 (1989–1990年期間) 我才知道，蔣介石為首的黨國高層，主要是為着在臺灣社會和國際舞臺上凸顯，他們領導的國民黨才是中華正統，而毛澤東領導的中共是中華傳統的毀滅者，便發起一項「中華文化復興運動」，利用大陸的文革事件來支撐國民黨統治的道德基礎。[4]

在遙遠的外國認知故國傳統

我從皖南農民收聽「敵臺」的小窗口那兒獲得的關於中國傳統文化被中華民國在臺灣精心呵護的初步印象，一直到文革以後被選中赴美國留學期間，才有了機會擴展、深化和具體化。我留美的第一站是匹茲堡大學，那裏有楊慶堃、許倬雲等學界前輩和一個小小的東亞圖書室。在那兒的一學年 (1984年9月至1985年6月)，使我多少能聽到、讀到未被中共歷次革命動過手術的中華文史資訊。

緊接着在波士頓的八年，無比豐富的機會和資源，為我開拓了認知正版的中華傳統及其蔓延和轉型的種種情境。與張光直和余英時等大師輩的交往、參加頻繁的「燕京學社」漢學研討會、跟來自臺灣的幾代知識分子對談、閱讀哈佛大學東亞圖書館裏的完整系列文獻，加之隨後應《聯合報》系邀請訪問臺灣與文化界、教育界、傳媒界、政經界、宗教界、工藝界的親身交流，讓我終於接駁上那些在中國大陸被生生切割了的中華文化淵源，與傳統中國通電了。

3　仲侃：《康生評傳》，第 17 章。

4　陶涵：《蔣經國傳》(臺北：時報文化出版，2000 年)，第 17 章。

「文化中國」的祭壇在何方？

　　每當我和上述的人、書、事深度接觸的時候，都很自然地把他們和它們假設性地納入到文革那道洶湧紅流之中，發出一連串的傻問：倘若他們和它們都留在了中華人民共和國，即便能熬得過鎮壓反革命運動、三反五反運動、拔白旗插紅旗運動、批判胡風集團運動、反右運動、大饑荒等等，還有可能熬得過文化大革命嗎？我翻閱漫長的「文革中受害的著名知識分子名單」、「文革中被毀壞的歷史文物一覽」，看來看去，他們熬得過去的概率接近於零，它們則稍高一點。

　　所以，上面的連串傻問也可以翻譯成直白的話語：諸如胡適、傅斯年、梅貽琦、錢思亮、王寵惠、李濟、董作賓、臺靜農、梁實秋、乃至林語堂、錢穆、徐復觀等等，倘若當年拒絕移居於中華民國在臺灣，而是和陳寅恪、熊十力、陳夢家、張東蓀、老舍、傅雷、翦伯贊、梅汝璈等等一樣，留在了中華人民共和國，他們不就成為後面這群文化人一樣的「生也苟且，死也白死」的黑九類了嗎？想想真後怕，為他們及其家人、也為他們的幾代弟子捏一把汗。

　　所以，不管大家如何看待蔣介石為首的那兩代中華民國統治層在政治領域裏的所作所為，也不管大家如何看待今天的國民黨之人事和政策的走向，凡是對中華文明有真心認同的人士，都得承認，1949年以後、特別是1966年至1977年期間的中華民國，為保留華夏傳統做了許許多多值得今人和後人感激的善事。你可以抨擊他們在海峽這邊是為着政治目的打弘揚傳統文化的牌，但這比海峽對岸的毛澤東集團為着政治目的摧毀傳統文化要好過無數倍。尤其是對我這樣親歷過文革的大陸學子，每次對比1949後三十年左右長時段裏海峽兩岸的學術出版

物和媒體的文化記事，都不得不重申一句：「文化中國」的祭壇是在臺灣，而不是在中國大陸。

「文化中國」在過去的幾十年裏，為臺灣在國際舞臺上、特別是在全球華人圈裏，贏得了厚實的尊重和誠摯的感謝。雖然當初(1949–1988年)中華民國在臺灣的執政者們並沒有現今「軟實力」之類的概念，但他們推展的傳統文化政策，卻客觀上釋放出軟實力的效應。直到他們去世之後多年，每當海峽兩岸一大一小兩個政體發生衝突的關頭，環球華人社群多半是把同情心投向小的一方。這一是拜臺灣民主化掙得的回報，一是拜臺灣遺存了更多的中華文化傳統贏得的回報。

十年、二十年以後還會這麼說

以上的話語，筆者早先也在其他的時間空間裏言說過，可眼下說來，卻別有一番意緒。恰逢文化大革命發起五十周年，在海峽那邊的中華人民共和國領地上，無數的人們嘔想議論，卻不讓議論。在海峽這邊的中華民國領地上，絕無勢力禁止人們作任何議論，卻罕有人萌發議論的興致。若是十數年後，「文化中國」的情懷也被臺灣大多數居民所拋棄，文革六十周年、七十周年之類的大事件，恐怕海峽兩岸都缺乏議論之聲了。不過到了那時，固執己見的筆者仍然會不甘寂寞，偏偏要把本文的要旨大聲重複一遍：

中土禮崩樂壞、天下大亂之際，孔夫子呼籲：胸懷「悠悠乎文哉，吾從周」的仁人志士們，要「興滅國，繼絕世，舉逸民」。這被毛澤東江青手下的革命大批判寫作小組怒斥為「妄想大開歷史倒車」的反動主張。[5] 二十世紀中後期，中華

5　《論法家和儒法鬥爭》(北京：人民出版社，1974 年)，第 132–133 頁。

民國在臺灣所做的，至少大大有益於後兩項——在中國遭遇文化大浩劫的歲月裏，盡力護衛中華傳統文化，提供此一傳統為數不少且惶惶不可終日的代表人物以棲身續命之所，客觀上為華夏的文化道統延續了幾支香火。

　　僅僅為此，我等學子也不會忘了中華民國在臺灣！

第五篇

第三把刀在中國政壇最經久耐用[1]

在全世界觀察家們的視野裏，自從中共十八大召開前夕以降，中國政壇上至少有三把大刀同時在揮舞：一把大刀「打蒼蠅」即打普通的黨政幹部，一把大刀「打老虎」即打黨政軍警和大型國有企業的高級和中上級官員，還有一把大刀「捉烏鴉」，其中主要是自由派知識分子、非政府組織的積極成員、各類維權團體及其協調網絡的代表人士，外加有組織的地下宗教團體領頭人。這些人大部分被評論者戲稱為「烏鴉」，是因為他們在大部分掌權的中國內地官員眼裏，天天試圖發惡聲，直接批評官方的政策，或更可惡的，設法公開揭露官員的不正當行為。

中國政壇上的「三刀揮舞」，而且第三把大刀看起來是越揮舞越厲害，其奧妙究竟是什麼？在海內外眾多的中英文分析評論裏面，筆者特別提請讀者要注意兩種流行解釋的強點和弱點。第一種流行解釋是：現在的中共高層領導班子重新奏用1988–1989年的「新權威主義手段」，第二種流行解釋是：「中共頂層目前是重新奏用文化大革命的手段」。筆者則強調，把當今中國政壇上的三把大刀同時揮舞之間的複雜關聯，完全放在以上兩種過分簡單化類比的框架裏作解釋，會導致我們忽視更深層次的三把刀動力學的交織互動。筆者在此試

1　原作於 2015 年 1 月 7 日。

圖用另一種視角,來解讀三把刀之間的關聯互動,這對於我們清醒看待未來中國政局和相關政策的走勢或許有點幫助。

整頓民間 VS. 整頓官場

以筆者的觀察視角,中共十八大新一屆領導班子上臺以後覺得最緊迫的任務,並不是大力「捉烏鴉」。他們在接班之前許多年裏,已經在候補位子上做了多個階梯。他們不是笨人和盲人:在他們多年的從政經驗裏,基本上看準了當今中國最大的問題不是民間有多大的造反力量——中華人民共和國不是大宋王朝,沒有什麼像樣的「水滸好漢」群體。他們早就看準了,當今中國最大的問題是體制內的潰爛。用他們近幾年裏反復表述的語言(雖然聽起來官話味太濃,但其中也有實在的內容),就是「貪污腐敗」、「享樂主義」、「黨紀鬆弛」、「令不出中南海」、「拉幫結派」、「山頭主義」、「官僚主義」、「官官相護」、「黨內搞人身依附」、「一人得道、雞犬升天」、乃至「小團體」、「非組織活動」、「洩露黨內機密」等等。[2]

閣下若是不信,不妨讀讀習近平的這一重言警告:「黨內決不能搞封建依附那一套,決不能搞小山頭、小圈子、小團夥那一套,決不能搞門客、門宦、門附那一套,搞這種東西總有一天會出事!有的案件一查處就是一串人,拔出蘿蔔帶出泥,其中一個重要原因就是形成了事實上的人身依附關係。在黨內,所有黨員都應該平等相待,都應該平等享有一切應該享

---

2 參閱習近平 2016 年 10 月底在中共十八屆六中全會上對即將通過的《準則》和《條例》所作說明的「第三條」,其中的用語特別生猛有味道:《新華網》2016 年 11 月 2 日,第一條報導。

丁學良｜政治與中國特色的幽默

有的權利、履行一切應該履行的義務」。[3]

　　任何對當代中國政治有所瞭解的人一眼就能看出，所有這些批評表述所針對的，都不是草民，而是黨政軍警負責官員，外加國有的和國家控股的大型公司企業主管、公營團體機構的負責人。所以，對於當今中共高層領導班子來說，他們上臺以後的最迫切任務不是大力整頓民間，而是大力整頓官場。這就是為什麼他們把過去幾屆高層領導偶爾使用的第一把刀——打蒼蠅，揮舞得那麼頻繁密集；把過去幾屆高層領導不敢使用的第二把刀——打老虎，破例揮舞得寒光閃爍。即便海內外很多評論把這類整肅稱作「有選擇的打擊」，我們也不能否認其打擊面遠遠超過了其保護面。

「蒼蠅」和「老虎」的恐懼感

　　中華人民共和國的官場自從文化大革命結束以後，唯一有過頗具規模的整頓清洗的時段，就是鄧小平和陳雲主政初期1979–1982年間對「文革中三種人」的自上而下掃蕩。自從那以後，官場上的整肅再沒有大面積的展開過。可以實事求是的說，最近幾年裏，是中國官場三十多年中風險最高的時段。內地老百姓所講的 「官不聊生」、「官心惶惶」、「夾着尾巴做官」，並不全是戲言，反映了很大一塊的現實。如果我們把過去幾年間公開披露的被整肅官員的名單和簡歷展閱分類，特別是那些級別在正處正縣層面以上(縣處級及以下的屬於蒼蠅)的小型中型老虎，馬上就可以看出，他們中的相當多數，都有在中國龐大的維穩系統裏面當官的經歷。隨着他們的總老闆大

3　摘自《十八大以來重要文獻選編》(北京：人民出版社，2015 年)，上冊：「2014 年 1 月 14 日習近平同志在中共十八屆中央紀委三次全會上的講話」。

老虎周永康的倒臺，這些小虎中虎也成群地被關進籠子裏。

　　讀者可以推想一下，對於那些在過去二十餘年期間每日威風凜凜、手握抓人關人乃至殺人大權的維穩官員們(即便他們的級別可能不太高)來說，如今面臨着隨時可能被舉報、被查問、被雙規、乃至被重判坐監的風險，他們集體自保——這不同於個人行為，重慶當年的維穩一把手王立軍逃進美國駐成都總領事館是個人自保行為——的首要對策可能是什麼？當然是要向上級盡力顯示：他們每天都在與威脅黨國體制的形形色色「最危險的敵人」作鬥爭！「你要是把我們這些黨國衛隊整得七零八落、把我們系統搞成清水衙門，誰還再來為你衝鋒陷陣、打拼賣命？」

找到形形色色的「敵人」並不難

　　對於在「對敵鬥爭的大風大浪」中磨練了大半生的維穩系統的各級官員來說，要在十三億人的超巨型社會裏找到「最危險的敵人」並不是一件難事。他們手裏收集和儲備了巨量的資料，拿出千分之一，就能把你嚇一跳！哪怕這些平時被暗中收集資料的「不穩定分子」中有百分之一的人被挑出來處罰示眾，也很可觀了。那些成年累月寫文章發言論要求自由民主、組織小團體討論政治改革和司法獨立、揭露社會黑暗部位、舉證抨擊權勢集團和官商黑幕、為倒霉的弱勢者呼冤叫屈、懂點外語還會向境外記者媒體爆料的，最容易成為涉事部門和地區官員的眼中釘肉中刺。比如，2014-2015年新年晚會的上海案例——多家主流媒體報導，上海外灘除夕大批人死傷的悲劇一發生，當地公安部門就警告，嚴防「敵對勢力」借此搞顛覆活動。

把以上那些「烏鴉」型活動人士列入「涉嫌顛覆國家政權的分子」名單，在中國大陸的法律條件下，操作起來機會太豐富了——因為你本人也看不到那些有關你「犯罪」的全部資料檔案來源，你也沒辦法在關鍵點上讓必要的證人出庭作證，你更沒有辦法讓你的案子不經過當地維穩系統核心單位關起門來預先定罪判案的程序。如果有維穩系統的實權官員盯上了你，非得讓你嘗嘗「專政的鐵拳」，絕大多數時候是能夠做到落井下石的——你被當作「烏鴉」給捉起來了。

第三把刀「決不能丟掉」！

所以，儘管對於當今的中共高層領導班子來說，最緊迫的任務是整頓官場，然而龐大官場裏的層層面面也不是傻瓜，他們是「人精」。尤其是那些長年累月負責「穩定壓倒一切」事務的，他們集體自保的絕招之一，就是向高層領導顯示「顛覆國家政權的分子蠢蠢欲動，我們這兒就有，不可輕視！」這第三把大刀就是他們的常規武器，於保衛黨國體制、於維護他們本身的集團權益，都名正言順。無論打蒼蠅和打老虎多麼重要，也絕不會有一個中共高層領導人會說捉烏鴉毫無必要。我們能夠回想起來的，只有胡耀邦和趙紫陽膽敢指示下面盡量少捉烏鴉，然而他們為此卻付出了沉重的代價。

老話新提——1950年代後期至1960年代初期中共和蘇聯共產黨鬧翻時，毛澤東對中共黨內的同事們訓誡：蘇共最寶貴的革命傳統是「兩把刀」，列寧是一把刀，斯大林是一把刀。現在蘇共修正主義領導丟掉了斯大林這把刀，我們絕不能丟。

就在前些時候中國黨政體制內的開明派成員和民間人士大聲疾呼推動「依法治國、依法治黨」的關鍵時刻，2014年9月

23日，《紅旗文稿》刊發了中國社會科學院院長王偉光的文章《堅持人民民主專政，並不輸理》。文章稱國際領域內的階級鬥爭是不可能熄滅的，國內的階級鬥爭也是不可能熄滅的。在這樣的國際國內背景下，專政是萬萬不可取消的，必須堅持，必須鞏固，必須強大。

此文一發表，海內外輿論譁然，因為該作者的言下之意是：當今中國內地大力鼓吹以法治原則取代專政原則的人，是不懷好心，因為專政才是維穩的不二法寶，此一法寶的奏用絕不能被法律程序所約束。雖然後來中共最高層並沒有接納這個舊招翻新、死灰復燃的意識形態提法，在內地多處的維穩實踐中，我們都能夠看到這種觀念的巨大陰影。

「專政」就是毛澤東所強調的那把刀，那是最經久耐用的一把寶刀，毛澤東時代是天天用它，大用而特用。毛去世之後，有時多用它有時少用它，但是無論如何不能棄之而不用它。因此我們在很長的時期內，都會觀察到第三把大刀或多或少地在揮舞着。[4] 如果毛澤東在二十一世紀初忽然醒來，他一定會說，香港這些年來這麼難管，就是缺了那把刀。目前看來，有不少人都在建議這把刀有必要出口到香港來使用。

在「一不願、二不敢」之後：清點中國反腐敗的武庫[5]

全世界爭論不休的當今中國反腐敗之動力是否已經枯竭的

---

4 《紐約時報》2015 年迎新年的長篇文章對此有生動的報導：C. Buckley and A. Jacobs, "China's Maoists Are Revived as Thought Police", *New York Times*, 4 January 2015.

5 原作於 2015 年 7 月 3 日，發表於《多維新聞網》「九 一三林彪事件」紀念日。

· 70 ·　　　　　　　　　　　　　丁學良│政治與中國特色的幽默

問題，可靠的答案要從現代中國的兩大「百年老店」——中國共產黨和中國國民黨的興敗曲線中去探討。

一句抵一千句的中肯評語

我們很多人都耳聞過毛澤東對蔣介石的那個著名評語——1945年8月27日，毛澤東親自從延安奔赴戰時陪都重慶，與蔣介石談判抗日戰爭之後的國家政治格局。在這之前的好多年裏，中共和左派民主人士都猛烈批判蔣介石迷戀於希特勒和墨索里尼領導的法西斯主義政治運動，和藉此而建立起來的有效政治制度。蔣介石力圖按照這兩位獨裁者的模樣，在紛亂不安的中國也確立「一個政黨、一個主義、一個領袖」的高度集權體制。可是，在重慶的幾十天時間裏仔細近身地觀察了蔣本人、他的軍政領導圈子、以及本地的政治紛爭實際狀況之後，政治天才毛澤東認定蔣介石是「搞民主沒有肚量，搞獨裁沒有膽量」。於是，毛澤東該年10月份回到延安以後，對如何在下一步的中國全面內戰中擊敗國民黨，有了加倍的信心。

如果我們把毛澤東當年的那個絕妙而中肯的評語稍微改動一下，應用到1949年開始直到如今的中國大陸反貪污腐敗的主要模式和方法之上，也可以這麼說：眼下中共的高層領導要懲治黨政體系內部的腐敗勢力，「搞民主是不願，搞文革是不敢」。

這種既要認真長期地反腐敗、又「一不願搞民主、二不敢搞文革」的基本心態，是目前和下階段中共高層領導的根本性兩難狀態，既值得我們同情地分析理解，又值得我們以此為背景去思考中國政局的可能走向。

有前車之鑒，才有後車穩開

中共自1949年取得全中國大陸的政權以後，不願意搞國民黨執政時期的那種鬆鬆垮垮的民主政治，理由多多，大家都相當熟悉，不用在此細細列舉。從根本上說，就是：在蔣介石推動全國實行「一個政黨、一個主義、一個領袖」的高度集權體制、多年裏又做不到位、繼續存在着黨外有黨、黨內有派狀態的同一時期，毛澤東於1943–1945年在中共基地延安大搞整風運動，終於把革命根據地的黨政軍體系整頓成了「一個政黨、一個主義、一個領袖」的高度集權體制，然後憑藉這個自上而下、嚴密嚴厲、高威懾高效率的權力架構，奪取了全中國大陸的統治權。[6]

所以，對於中共最高領導人來說，從1949年起，就鐵了心堅決不重複當年其對手蔣介石犯的那種中低級錯誤，搞什麼黨外有公開的反對黨、黨內有公開的反對派的半民主政治。簡言之，必須根除民主，才能穩控中國。實事求是的說，毛澤東等人的這個心得體會並不是完全離譜的——他們前半生目睹的中國，就是一個既不地地道道的專制獨裁、也不地地道道的民主法治的散亂局面。而他們一旦取得了全國政權後，踏踏實實地連根剷除民主政治的禍源，一下子就把中國大陸統一和穩定住了。

然而，中共在毛澤東的絕對主義領導之下的前幾十年裏，雖然內戰非常內行，維穩超級專長，在有幾個重大領域裏，其本領和表現卻乏善可陳，甚至敗績頻頻。需要澄清的是，說毛主持的中共「內戰非常內行，維穩超級專長」，並不是無根無

6　參閱陳永發：《中國共產革命七十年》（臺北：聯經出版公司，2001年修訂版），上冊，第399–400頁。

　　　　　　　　丁學良｜政治與中國特色的幽默

據的虛誇吹捧──毛澤東多次抨擊中國國民黨「內戰內行，外戰外行」，可是國民黨卻在1945年8月抗戰結束後的短短四年裏，就徹底地被中共擊敗。這個國民黨從1926年北伐勝利定都南京以後，一直到1949年，費了漫長的時間，武鬥加文鬥，最後既沒有能夠完全消滅地方勢力，也沒有能夠消滅民主黨派，更沒有能夠消滅敵對的武裝團體。而中共從1949年到1950年代初期短短的兩、三年期間，基本上就搞定了這一切。所以我們得公正地說毛澤東領導的中共「內戰非常內行，維穩超級專長」，名至實歸。

打贏了內戰，沒打贏反貪

然而，令毛澤東最感挫折的領域之一，便是他領導的龐大黨政體系內部的貪污腐敗問題。儘管毛事先已經警告過中共幹部，「我們進城以後不要重蹈李自成隊伍的覆轍」、「時刻警惕裹着糖衣的毒藥和炮彈」，但從1949年建立全國政權之日起，毛澤東就目擊他手下的許多幹部迅速地敗在貪污腐敗之下。毛在1951年年底，不得不猛力推出打蒼蠅、打中小老虎的「三反運動」。全國總共有312–384萬的幹部經過組織系統的審查，其中有120萬以上的人被指控貪污，佔總數的三分之一左右。不過，最後受行政處分的只有23萬人，受刑事處罰的64000人，省級幹部僅為25個人，絕大多數是基層和中層幹部。[7]

原本毛澤東領導班子計劃至少要進行到1952年6月的「三反運動」，發起一個多月以後，不得不偃旗息鼓。根本原因不

---

7 詳閱中共中央文獻研究室編：《建國以來重要文獻選編》(北京：人民出版社)，第 3 冊，第 384–388 頁。

難理解：中共剛剛奪取全國政權，黨政幹部是新政權的軀幹和四肢，缺了他們，北京的中央機構什麼都難辦。打蒼蠅和打中小老虎，太傷害他們的積極性，只好放他們一馬。對此，毛澤東必定是深感心有餘而力不足。此後很多年裏，他都沒有再發動相等規模的、針對黨政幹部的反貪腐運動。

直到1963–1964年的「社會主義教育運動」，即通常所說的「四清運功」和「五反」高潮中，毛澤東才找到第二次機會，亮劍直指他視為重大威脅的黨政體系的潰爛現象。1964年6月4日，毛對北朝鮮的高層訪華團說，中國農村裏接近三分之一的基層組織已經變質了(「四清」主要是對付農村幹部的，「五反」則是針對城市幹部的)。同年同月8日，毛在中央工作會議上說，全國有三分之一的權力機構已經變質了。[8]

毛澤東的殺手鐧：暴民政治

可是，這場「社會主義教育運動」也是虎頭蛇尾，並沒有按照毛澤東原來的宏圖全線展開，主要是在第一線主持中央工作的劉少奇和鄧小平，竭力不讓運動搞得太猛烈。他們一是加強既有的黨組織的領導，二是通過派工作組的方式，把運動置於嚴格控制之下，特別是在城市裏，因為中高層幹部——也就是出產中大型老虎的群體——都住在城裏。

毛澤東畢竟是一位超級革命家，他雖然和他的同志們一樣，不願意採用民主政治的體制來搞反貪腐，但他最終卻與絕大部分的同志分道揚鑣，採用暴民政治的體制來搞反貪腐。在十年文化大革命期間，特別是1966–1969年的紅衛兵運動高

---

8 參閱馬若德：《文化大革命的起源》(香港：新世紀出版公司，2012 年)，第 3 卷，第 386–387 頁。

潮的三年裏，中國黨政官僚們每天都生活在朝不保夕的恐懼之中，不知道會被造反派揪到哪裏、怎麼批鬥、關在何處、結局咋樣。

從1949年開始到1965年為止，毛澤東多次試圖採用正統的中共搞運動的方式來解決官員大面積腐敗的痼疾，可是這種「自上而下、組織佈置、層層把關、上級拍板」的正統體制，老是被龐大的官僚體系精巧地扭曲乃至廢除武功，令反腐敗運功來時猛烈、走時慘澹。毛澤東晚年拼着一生積蓄的政治資本硬搞文化大革命，實在是看透了中共官僚體系的大面積腐敗，是不可能以正統藥方來醫治的。否則，毛是不會冒那麼大的風險放出暴民政治之熊熊烈火的。[9]

當今的反腐敗運動：一不願、二不敢、三創新？

因為有了國民黨當年丟失政權的教訓，1949年以後的中共領導層絕大多數不願意使用現代社會反腐敗武庫裏的主兵器——政治民主化的改革，包括多黨競爭、獨立的法律體系、自由的媒體、多元的公民組織。又因為有了文革的慘痛經驗，1976年以後的中共高層絕大多數再也不敢使用毛澤東的殺手鐧——放手發動民眾猛烈衝擊官僚體系——來醫治腐敗頑症。

那麼，當今中共高層的反腐敗武庫裏，能夠動用的主兵器，就屈指可數了——我們必須以這個大背景作參照系，設身處地和懷着一定程度的同情，來解讀中共十八大上臺的領導班子在最近幾年期間，在反腐敗領域中艱難曲折的、常常是撲朔

---

9 參閱丁學良：《中國模式：贊成與反對》（香港：牛津大學出版社，2014年增訂版），第 10 章。

迷離的操作。更重要的是，我們必須依據這一深層脈絡，來分析中共反腐敗可能激發的政局異動。

中共十八大以來，反腐敗基本上依靠的就是正統體制——自上而下、組織佈置、層層把關、上級拍板。只不過在技術細節上，比以往有一些創新之作，比如開啟公眾舉報的互聯網站、專門郵政信箱和電話熱線，大幅度調動省市級的紀委書記，頻繁派出中央巡視組。僅僅依靠這些，整肅中低級官員的腐敗問題多半是比較有效的。幸好靠着另一個強大的動力——嚴懲十八大前夕企圖改變最高層接班程序的幾個野心家，才使得目前這一輪反腐敗運動，能夠擊中幾隻大老虎，並延續了三年之久。這太不容易了，已經破了文革以後的反腐敗紀錄。

還有一種體制可以用於反腐敗，但是……

不過，越來越多的跡象顯示，基本面上的正統體制加上一些技術細節的新招，已經很難把反腐敗運動再往上、再往前推進了。說到底，這個正統體制唯一依靠的操作者，也恰恰就是反腐敗運動的對象——官僚體系。越往上、越往前推進反腐敗，就越是要傷害更多的官員，他們不可能自願地相互傷害到底。這是官場之常情，我們完全可以理解甚至給予部分的同情。

那麼，在「一不願搞民主、二不敢搞文革反腐敗」的大前提下，中共推進這一運動，還有沒有除了正統體制附加新技術細節之外的另一種體制呢？有。但是，它是非常非常厲害的。它在帶來特殊效果的同時，會促發嚴重的一連串副作用。在中共最近的反腐敗操作過程中，我們可以分辨出一些蛛絲馬跡。這個含義重大的新趨勢，有待下一步仔細探討。

反腐敗遭遇「軟抵抗」：跨世紀難題[10]

以中共十八大為新起點標誌的反腐敗運動，迄今已經快三年了。再過兩年多，中共就要按期舉行十九大了——如果一切都順利不出大事的話。兩年多的反腐敗運動可圈可點之處很多，特別像那些完美地綜合了權力、金錢、美女、謀殺、叛逃等等核心要素的大案特案。在中國大陸之外的媒體上，大多數報導和點評均是以一個主題來作解釋，往往把中共的反腐敗描畫成電視連續劇式的過程。雖然那些不全是無稽之談，但這個運動是不應該被這麼全盤戲劇化的。

達到這個目標非常之難

客觀地說，中共十八大以來的反腐敗運動包含有實實在在的正當性。在這個「一石擊多鳥」的高難度和高風險的頗具規模的操作中，有一個目標是非常必要的，因為它已經被拖延很長時間了。這個目標就是通過嚴厲懲罰可以計數的少量官員——中共中央紀委網站上不時有更新的統計數字，大家可以去查看，這裏不大幅度重複引用——，以威脅和警示龐大的黨政軍警巨型國企的幹部隊伍，達到重整和強化紀律約束的普遍持續效果。

這個目標極難達到，首先是因為涉及面太廣大。中國大陸所謂的「幹部」隊伍(包括文職武職)究竟有多大，海內外學術界有很多種估算法。最省事的是簡單照搬中國官方的統計年鑒，或者引用內地媒體報導的「吃皇糧」人數的毛估，那大概至少有四千多萬人。顯然這麼多人不是目前反腐敗運動要加強

10　原作於 2015 年 6 月 13 日。

紀律約束的對象，太多了，管不過來。考慮到凡是在中國擔任最基層以上級別的負責幹部必須是中共黨員，把現有的中共黨員八千五百萬人的十分之一作為目標，那也極其可觀了。

在中國這樣一個地域廣大、層次繁複、系統雜多、不允許資訊系統自由運轉、也就是透明度很低的環境裏，管轄八百多萬手握實權的幹部隊伍，是超級困難的系統工程。中共最高層又拒絕現有體制之外的、自下而上的獨立監控機制，於是乎，利用反腐敗運動「打虎嚇猴」——它早已經超越「殺雞嚇猴」的初級階段了——就成為唯一的常規性手段，以強化自上而下的紀律約束。讀者可以翻閱近年裏中國內地官方和半官方媒體的相關報導：上級紀檢委來人到下級單位抓捕嫌疑腐敗的幹部，都是搞突然襲擊，而且越來越頻繁的，是在該幹部開會期間甚至會議進行的中途抓人，以讓被抓者的同事們知道甚至目擊這一事態，強化其警告和威嚇的效果。

從一句名言看反腐運動的當下效果

由於這個目標針對的不是具體的個人或部門，而是整個幹部隊伍，所以我們不應該從「點」即某某個人如周永康之流的倒臺、而應該從「面」上看其效果如何。

中共十八大上接班的最高層領導人在此之前很多年裏，有太多的機會觀察龐大的幹部隊伍是怎麼樣一步步失控的，這不能不令他們焦慮不安。他們要通過反腐敗重整幹部紀律，使眾多的幹部不要太不聽話、太自作主張、太老油條滑頭、太放肆被公眾抓到把柄、太胡來惹發民眾上街抗議、太機會主義隨時準備把財產和家人情人送到外國。這些失控在中共十八大之前的二十多年裏越演越烈，其要害早就被北京大學畢業後步入官

場、洞察其中奧妙的一位地級市委書記胡建學(時任職於山東泰安市)一語點破:「到我們這一級的幹部就沒人管了」。[11] 他說的極有道理:下面的人對他們無權管,下屬要想得到提拔,只能跟着他們幹壞事、賣力地為他們幹壞事。老百姓若是膽敢監督他們,就立馬被維穩。而上面更有權力的人對他們只看兩件事:GDP是不是上去了?地方上是不是安穩?對其他的事基本上不管。

以上長期延續的鬆鬆垮垮狀態在過去的兩、三年時間裏,受到越來越有力的扭轉。龐大的幹部隊伍普遍失控的現象,如今是得到大面積整頓了。如果我們以當年胡建學的那句名言(本地人戲稱其為「胡書記語錄」)作為一個對照點,可以說,中共十八大以來的反腐敗已經立竿見影、初見成效,因為如今連「副國級」的高幹都不會認為,無人管他們。

不幹壞事,也不幹好事,乾脆不做事

可是新的大麻煩來了──廣大幹部消極怠工,上班不幹事,出工不出力。絕大多數官員雖然不敢再頂風作案、犯下新的貪腐過失,但他們也不賣力幹活、作出新的貢獻。換句話說,你能通過大力反貪腐嚇得他們不敢明目張膽地幹壞事,但你無法通過同一種招數驅使他們幹好事:他們乾脆不做事。消極怠工屬於政治社會學裏的「軟抵抗」範疇,是「力量相對弱的一方最常用、代價較小的反抗手段」。[12] 中國內地幹部在普通民眾面前,依然是相對強的一方,他們要想以維穩或掃黃的

---

11 參閱資料彙編《反貪公告》(北京:經濟日報出版社,1998年),下冊,第501–507頁。

12 參閱經典分析:James Scott, *Weapons of the Weak* (Yale University Press, 1985).

名義抓人關人，照樣抓照樣關，硬得很。但他們在更高層領導面前，是相對弱的一方，「軟抵抗」是他們最方便的武器。

廣大幹部的這一招，早就被所在地的民眾看得清清楚楚：「以前是不給足好處，不給辦事。現在是不收好處，更不給辦事。」這個官員們廣泛的不作為狀態，連中國內地的主流媒體也不得不正視：「『不敢為』、『不想為』、『不會為』等現象在一些官員身上不同程度存在。為了不出事、不擔責，一些官員甘當『太平官』、『庸官』、『懶官』，能推就推，能拖就拖。為剎住這股『為官不為』之風，遼寧、廣東、貴州等地正探索並陸續出臺相關文件，加大懲處庸政、懶政行為，推出『不勝任現職幹部召回』等制度」。[13]「2015年4月22日，《2014年北京市法治政府建設發展報告》在市委黨校發佈，近六成受訪者不滿政府『懶政怠政』」。[14] 我們知道，這些負面報導能夠在中國官方渠道發出大聲，多半是因為最高層領導班子對此實在看不下去了，面積太廣大了，涉及經濟、黨務、社會管理、文教、衛生、公共事業、警察、軍隊，等等。

「軟抵抗」的成功先例

如果天安門廣場「毛主席紀念堂」裏的主人目擊這些事態，他會長歎一聲：「同志們，老實說，軟抵抗我也遭遇過！」在中共歷史上與目前最切近的一個先例，是1951年年底發動的「三反運動」：反貪污、反浪費、反官僚。那是中共取得全國政權、掌控了大量的「新肥肉」後，馬上面對着大批幹部迅速貪污腐敗而不得不下的猛藥。可惜它是非常短命的，只

---

13 據《新華網》2015 年 4 月 16 日，北京電。
14 據《新京報》2015 年 4 月 23 日，北京報導。

操作到1952年1月下旬就突然轉移目標了，從主要打擊黨內的腐敗分子，變成主要打擊黨外的「剝削階級分子」。[15]

此中極深刻的奧妙歸結為一點，就是新政權的運作，靠得就是黨內幹部。你不允許他們多得好處，他們就不給你賣力幹活。他們掌控着全國最關鍵的「系統運轉的要道和關節點」，一旦他們消極怠工，大中型的體系都會空轉乃至逐步癱瘓。現在的中紀委領導人老是講反腐敗也應該是「新常態」，大半就是感歎於早先那個短命的「三反運動」。雖然目前的反腐敗運動已經持續不短的時間了，可是，中紀委上層及其身邊的團隊再加班加點，也難以解決全國大中型的體系空轉和半癱瘓的癥結。打老虎難，打大老虎更難，而通過打可數的老虎打出全國幹部體系的工作積極性最難，這是毛澤東在1950年代初期就試圖解決、但直到他去世都遠未解決的難題。

大退潮和大清盤

很多人應當會記得，2008年年底由美國起頭的西方世界金融海嘯爆發，曾任美國聯邦儲蓄銀行主席的格林斯潘引用了一句俗話：「只有退潮之後，才能看出誰沒穿游泳褲就下水。」此言比任何的長篇大論，都更能點破非常規性質的大事件對混沌市場的大清盤功效。迄今兩、三年的中國反腐敗運動，在內地的幾大領域裏都起到了類似的「大退潮、大清盤」功效，擊破了此前多少美妙理論試圖讓全天下相信的奇跡。

---

15 參閱《建國以來毛澤東文稿》(北京：中央文獻出版社)，第 3 冊，第 21 頁；中共中央文獻研究室編《建國以來重要文獻選編》(北京：中央文獻出版社)，第 3 冊，第 14–15 頁、第 53–54 頁。

其中之一便是 meritocracy 即「賢能官員統治制度」，大意是在中國大陸，不需要推進在別的國家裏幾代人經過反復實踐建立起來的對官員的多層次、多維度、主要是自下而上的獨立監控機制。因為中國早已經發展出 meritocracy，僅憑着官員自己的道德及教育素養和體制內部的自我監督，就能夠使又賢又能的人穩居最該由他們佔有的官位，無私無貪、全心全意地為公眾謀福利。[16]

　　兩、三年來籍由大力反腐敗揭發出來的中國內地一片片塌方式案例、特別是普遍的「軟抵抗、不作為」現象，透露出一個無比沉重的資訊：對中國龐大的官員體系來說，過去二十多年裏他們賣力幹活、工作出績效的最主要激勵，實際上來自正式工資和福利之外的那些「非白色」的收入和好處。因為目前的反腐敗並沒有減少他們正式的工資和福利，清掃的只是不屬於這個清白範疇的種種有形無形的實惠，也就是灰色和黑色收入的那幾塊。這麼一來，他們就普遍地消極怠工、上班不做事、出勤不出活了。

　　這才是中共的深層體制性難題。這個難題在中國的解決，不知道還要耗費多少代人的努力。好在中國有大量體制外和體制內的明白人，不會被「賢能官員統治制度」的迷魂湯灌醉。[17] 那些負有責任心的人士，不會放棄在中國建立有效的、獨立的、可持續的權力制衡制度的事業。這是比辦周永康之類的特大案件更加關乎着中國未來的高難度挑戰。

---

16 參閱長篇採訪：「頭條，丁學良：有一類唱讚歌的學者是在『裝睡』」，北京：《共識網》，2014 年 7 月 25 日。

17 外國媒體也明白，試圖給中共高層灌迷魂湯的各類人，動機很不純，參閱一篇明白人的觀察：F. Fernandez-Armesto, "In Praise of Petty Politics", *The Wall Street Journal*, 10 June 2015, p.13.

第六篇

恐怖主義、極端主義、官僚統治和馬虎主義

這些年頭，許多人每天早晨一打開電視或媒體網站，總是帶着既擔心又渴望瞭解的矛盾心態，急切地收視或掃描頭條二條新聞，看看是不是什麼地方又發生恐怖主義襲擊了，特別是親人目前所在的遙遠地方，或自己曾經呆過一段時間的地方，或馬上要去訪問的地方。這種矛盾心態頗類似於小時候聽大人講惡鬼的故事，又怕聽血淋淋的恐怖細節，又禁不住想聽個明白。

五個華人社會的奇特型態

在環顧全球恐怖活動此起彼伏的這些歲月裏，筆者不能不反復注意到一個頗為奇特的型態（peculiar pattern）：相對而言，五個華人社會是處於當今世界上恐怖主義襲擊事件最少或次少的檔次。而這五個華人社會的政治體制、法律架構、經濟發展水平、人口和領土規模、宗教政策、民族關係的管理、周邊穆斯林鄰國或社群的分佈密度，都有着顯著的差異。因此，它們都能夠在預防和堵住恐怖主義襲擊方面做到最佳水平或接近於最佳水平，背後必定有一些共同的或至少是相近的因素在起作用。

由於篇幅的限制，本文只能夠提及兩大主要因素，一上層一下層，來嘗試解釋為什麼華人社會在防堵恐怖主義襲擊方

面能夠達到極為可觀的成效。這首要的因素是管治層面的，是屬於「上」位的力量，它就是中華政治傳統中最持久的特色——官僚統治。要理解這個核心要素為什麼特別有助於對付恐襲，最好的背景閱讀文獻是二十世紀一位偉大的比較歷史學家白樂日的經典之作《中國的文明與官僚統治》。[1]

官僚統治的升級版

白樂日對中華官僚統治延續性的巨大功過之高度洞察力，不僅僅基於他的堅實學術研究，而且得益於他短暫卻不平凡的人生經歷——他生於患難(匈牙利)、長於動亂(德國)、參加反法西斯運動(法國)、置身於東西方冷戰，深刻理解政治權力、社會危機和文化衝突的多維度多層面。面對着來自不同國家的求知者，白樂日解釋道：「在西方人的心目中，中國的形象時時在變。在我看來，中國社會結構的某些方面是經久不變的——它的官僚制特點。官吏們由於其力量、影響、地位和聲望，是全能的，掌握着全部權力」。這個官僚階層只看重一種職業，「那就是進行管治。……他們在人事上是專家，在管治藝術上是老手。在中國，國家是管理者的國家，是干預者(丁按：指權力機構根本不理會公域和私域、政府和市場之間的分界)的國家。沒有什麼能逃脫官方的控制。實際上，整個社會生活和很大一部分的私人生活，都在官府的控制之下」。

以上是白樂日1957年的一篇講稿，為聯合國教科文組織而作，概括的是從秦王朝至二十世紀初期的傳統中國。可是，

---

1 Etienne Balazs, *Chinese Civilization and Bureaucracy: Variation on a Theme* (Yale University Press, 1964). 以下的摘要基本上引自臺北久大文化公司 1992 年的譯本第 27–31 頁，只是改譯「官僚主義」為「官僚統治」，以切合作者的原意，因為作者強調的是制度。

　　　　　　　　丁學良｜政治與中國特色的幽默

如今讀它的時候，你不會感到其中的要點已經過時了，當然沒有——中華官僚體制最大的特長是管控，其管治社會民間的藝術是兩千多年積累下來的精粹，而且從不固步自封，是與時俱進的、不斷完善的、沒有止境的。所以，到了二十一世紀的初期，配備以最新的應用科技特別是IT技術，就使得中國的管治體系在協調、靈活、細緻、精巧、強韌、穿透、貫通等等方面，達到無與倫比、獨步天下的程度。恐怖主義分子面對着這種中華版的防堵系統，要想發動像模像樣的襲擊真是太不容易了。這並不是說這種防堵系統從來不出觀念上的差錯、從未有過操作上的漏洞，當然不是。可是相比起那些發達國家、發展中國家、欠發達國家應對恐怖主義組織和「孤狼」的各家作業系統，中國的防堵系統之精密、力度和有效性，要高出許多。

閣下若是對此還有一絲疑問，不妨即刻在中文外文互聯網上搜索一番，照片、圖像、文字、表格、漫畫都有，看看杭州市自2016年初夏以後的幾個月來，每日每時每刻為該年9月初的G20峰會所做的安全防恐佈置。在當今世界上，有哪個國家能夠做到如此的不計成本、巨細無遺、精益求精，達致神工鬼斧、夢幻世界般的最高境界？如果讀者再花費些時間，檢索一下過去在中國本土舉行的最大的幾項國際活動——從2008年的北京奧林匹克運動會開始作比照，以當今的這一系列實例對照白樂日的絕妙歷史評論，讀者便可以理解，延續了官僚統治傳統的五個華人社會——中國內地最行，新加坡次之，香港澳門再次之，臺灣居尾——，在防堵恐襲方面，堪說是老馬識途、駕輕就熟。而對於欲發動恐襲的組織和個人而言，則是關公門前耍大刀、小巫見大巫。

在西方自由開放社會裏左右逢源、在半失敗的國家裏如魚得水、在全失敗的國家裏海闊天空的恐怖主義分子，一遇到中華官僚統治的二十一世紀升級版，就淪落成秋後的螞蚱！這並不是筆者作為一個中國讀書人的自吹自彈，這是美國比較政治學的一位資深教授發的感慨——2016年7月底他來香港作研究，在座談會上言及歐洲目前對恐襲防不勝防，笑道：「歐洲國家是搞不過這幫無所不用其極的恐怖主義分子的，還是中國政府厲害，最懂得如何對付這幫傢伙！」

理性主義的文化根基

但是，僅僅有官僚統治這個上層權力的要素，還是難以達到所有五個華人社會在防堵恐襲方面的普遍成效。筆者體認到，下層的一個文化要素同樣是至關重要的，那就是眾人——民間官方皆包括在內——在信仰問題上的馬虎主義，即馬馬虎虎、稀稀鬆鬆。中華文化傳統裏缺乏組織嚴整的宗教體系，被泛稱為「儒教」的那一套倫理觀念，其實不是宗教教義即「神啟終極真理」，而是規範大眾的為人處世之道，其核心精神是世俗的理性主義取向。社會思想大家韋伯所說的「去魅」，[2] 在西方社會主要是十八世紀以降的啟蒙主義運動使然，而在中華傳統裏，兩千多年來大體上都是這樣。

鑒於華人社會的絕大多數成員也即漢族人兩千年來大體上都是這種取向，他們在宗教問題上不走極端，少有狂熱。洋人觀察近現代的華人，常常困惑於後者能夠同時既信孔孟、也供菩薩、還進教堂。華人在宗教上的馬馬虎虎主義，令高喊

---

2 *From Max Weber: Essays in Sociology*, edited by H. H. Gerth and C. Wright Mills (New York: Oxford University Press, 1958), pp.148–155.

丁學良｜政治與中國特色的幽默

「真主偉大！」的人肉炸彈式自殺攻擊行為極少湧現，更遑論夫妻、弟兄、父子一道與敵共亡。環視全球，我們至今還沒有發現信奉回教的漢人加入「伊斯蘭國」（IS, ISIS, Daesh）變作殺手──他們實在太理性算計了，他們的信仰激情遠遠達不到為進天國而當聖戰烈士的狂熱高度。

中華傳統裏的馬馬虎虎主義，早在二十世紀初期，就被中西學貫通的先哲輩林語堂和胡適等人視為中國人抵禦外來的革命極端主義的文化根底。[3] 筆者曾經多次跟老外們解說：在當今的中國，官方正面講的是「馬列主義」，其實全社會實踐的是「馬虎主義」，包括下班後的各級官員們都是一個樣。這當然有不好的、值得批評的一面，但也有好的、暗含希望的一面，那就是中國人上上下下行事的靈活圓通。你們洋人可別忘記了，全世界執政的共產黨從二十世紀初期以來共有幾十家，只有中國共產黨最像模像樣地率先走了資本主義的經濟改革道路，一邊大講社會主義，一邊「中幹」甚至偶爾「大幹」資本主義，用你們洋人的說法，是「素菜館賣牛肉，賣得挺紅火！」這一半是歸功於鄧小平上層的理性決策，一半是歸功於中國全社會的馬虎主義──大家沒把官方意識形態看得那麼神聖，不可更改。意識形態正面講的是馬列主義，實踐中行的是馬虎主義，這種圓通讓中國人永遠不會在一棵樹上吊死，不管那棵樹上掛着什麼莊嚴華麗的招牌。[4]

3　參閱周質平：《現代中國思想人物掠影》(臺北：東吳大學人文社會學院，2015 年)，第 74–77、94–102 頁。

4　以下這則消息極能說明問題：「當前，榆林全市上下正在深入開展『兩學一做』(學黨章黨規、學系列講話、做合格黨員) 的學習教育，進一步解決黨員隊伍在思想、組織、作風、紀律等方面存在的問題。但在三令五申的情況下，青陽岔鎮政府工作人員上班時間公然在毛主席故居內打牌喝酒，這種頂風違紀行為不僅暴露出其自身要求不嚴、作風鬆散的問題，也在一定程

中國本土源遠流長的馬虎主義也有被中斷的幾個時期,最烈的就是文化大革命,期間無數的普通人出於政治宗教狂熱四處放火焚燒、暴行施虐。可是這十年跨度在兩千多年的中華長流裏,只是一小片斷。筆者1980年代中期赴美國留學,聆聽史學大師費正清(John King Fairbank)和史華慈(Benjamin Schwartz)評論文革,他們最常用的說法,就是「三十年埋葬不了三千年」,也即華夏三千年的傳統,任憑毛主義的三十年折騰,終究無法將其連根刨掉(參閱本篇附錄所列舉的文革極端主義的理念)。中華文化傳統裏沒有 fanaticism(宗教狂熱)的主流,毛澤東本人一旦撒手人間,他平生掀起的革命極端主義和政治原教旨主義就會退潮。

普遍世俗取向是極端主義的消解劑

讀者若是不信,不妨翻閱未經歷史虛無主義洗刷的中國當代史——整整半個世紀之前的這個星期(1966年8月18日),紅衛兵登上天安門城樓,受到紅司令的親口鼓勵,隨即以無比的狂熱,竭力將中華傳統——實物的和象徵的——統統拋進革命烈火一燒為快。然而過去的三十多年裏,也就是中國融進世界資本主義經貿體系期間,我們再也遇不到那種實踐政治宗教狂熱的年輕群體了。海內外評論家常挖苦中國大陸的那些所謂的反美仇外憤青,說他們第一天上街遊行高呼「美帝國主義亡我之心不死!」,第二天就去考托福GRE,着手赴美留學的申請。在這之前,他們的爸媽早就把人民幣換成美元存在美國銀行裏了。[5]

度上反襯出當地對於幹部教育、監管工作不到位的現實問題」(「靖邊青陽岔鎮政府人員上班時間在毛主席故居打牌喝酒」,西安:《陝西網》,2016年10月14日)。其實,這正是地地道道的富有中國特色的馬虎主義。

5　Jamil Anderlini, "China Takes a Gamble in Scapegoating the West", *Financial Times*,

　　　　　丁學良｜政治與中國特色的幽默

在筆者看來，這其實是好事：絕大多數的中國人不再迷狂，絕大多數的中國年輕人內心裏知道中國的明天包括他們自己的未來，絕不能立足於對世界文明主流的拒斥。如果中國絕大多數年輕人不熱衷於當新一代的紅衛兵而是想方設法賺錢、買車、購房、留學、直至辦移民，中國再搞一次文化大革命的機率就很渺茫。

這恰恰是眼下許多人關注的大問題。

恐怖多了，革命少了！[6]

西方的一家研究機構START GTD，於2015年11月20日發表了本世紀至今全球主要的涉及恐怖主義襲擊所造成的人員死亡數據：2000年約為三千五百人，2014年達到約三萬三千人，比上一年猛增八成。[7]

恐怖主義襲擊的「大豐收時代」

以上數據的發表，是為着配合西方公眾極欲理解此前不久巴黎「黑色星期五」的恐怖主義攻擊的含義。加上這前後在土耳其首都針對遊行隊伍的大爆炸、埃及西奈上空的爆炸俄羅斯民航機、馬里首都國際酒店武裝襲擊多國公民，以及緊接而來的美國南加州夫婦開槍大屠殺，讓全世界都無法不談論恐怖主義日益迫近身邊的威脅。在諸多知名人士的聲明中，最有特色的還是教宗方濟各的定義：「這是以零切碎割（piecemeal）方式

---

11 August 2016, p.9.

6 原作於 2015 年 12 月 7 日，部分刊載於香港《信報財經月刊》12 月號。

7 "Deaths from Terrorism", *FTWeekend*, 21–22 November 2015, p. 1.

發動的第三次世界大戰!」言下之意,如果把所有這類過去的和未來難以避免的零切碎割加在一起,恐怖主義襲擊的總體災禍將會令世人不堪承受。

不過,若是把上述數據所凸顯的恐怖主義有組織的操作和「獨狼」行動者在本世紀前期十五年裏實施的流血行為,拿到整個二十世紀類似的流血行為的大背景上看,我們就會得出更加冷靜客觀的一些結論。請讀者不要誤解,筆者在此並不是對近年裏恐襲的受害者不深切同情,而是試圖解釋一個多世紀來全球政治鬥爭經歷的「框架變易(paradigm change 科學史著作中多譯成『範型變易』)」。這種變易跟世界各地民眾有關,跟我們兩岸三地的幾代華人身家性命更加有關。

二十世紀以恐怖主義開頭

在開啟了二十世紀恐怖主義的所作所為中,又以俄國十月革命為最烈。閣下若是把斯大林下面的這段話,跟近幾年裏穆斯林極端主義組織的狂暴聲明對照一下,看看能不能分出彼此:「只有在壓迫者的骸骨上才能建立人民的自由,只有壓迫者的血液才能使人民專制制度的土壤肥沃!」[8]

閣下若再把十月革命造成的那些流血狀態,與目前伊斯蘭國在敘利亞和伊拉克控制區的所作所為對照一下,看看有多大的區別:

> 在1918年夏天,列寧得知奔薩農民起義的消息後,親自發
> 電報:「對富農、教士和白衛軍軍人要搞無情的大規模恐
> 怖。」……這一年,全國都在折磨人、殺人。布爾什維克
> 和白衛軍的地下室都用帶刺鐵絲捆人,挖眼珠,做人皮手

---

8 《斯大林全集》(北京:人民出版社,1953年),第1卷,第172頁。

套，把活人插到尖椿上。革命政府把懲罰無辜者宣佈為一項國策，9月5日公佈了關於紅色恐怖的官方決議。……內政部首長簽署了《人質令》：「應當從資本家和軍官中抓相當大量的人質，稍有抵抗舉動，立即集體槍決。」全國都展開了官辦的殺人運動。[9]

毛澤東團隊對蘇共革命行為的辯護和發揚光大

對於1917–1918年俄國十月革命的宏大血腥的方法，毛澤東靠着他的當時留學歐洲的朋友如蔡和森等人的信函介紹和中文報刊的傳播，認真地學習和總結。對於中國輿論界質疑蘇俄共產黨人恐怖做法的流行觀點，毛嚴加反駁：「共產黨人非取政權，且不能安息於其［注：指當時的中國政府］宇下……。我看俄國式的革命，是無可如何的山窮水盡諸路皆走不通了的一個變計。並不是有更好的方法棄而不採，單要採這個恐怖的方法」。[10]

毛的回應是真誠的：不用恐怖手段，革命就沒有成功的希望。為了革命的目的，什麼可怕的手段都不要計較。毛說到做到，從1920年代尾直至1949年，他的團隊充分運用紅色恐怖主義，時常超過了蘇共老大哥的水平。閣下只要讀讀日本出版的真本《毛澤東集》(竹內實編輯)的前兩集，中共老革命家李維漢和曾志等人的回憶錄，中共黨史專家王煥慶、余伯流、

9　Edvard Radzinsky, *Stalin. The first in-depth biography based on explosive new documents from Russia's secret archives* (New York: Anchor Books/Doubleday, 1997), Part 3, Chapter 5; 中譯文摘自拉津斯基：《斯大林秘聞》(北京：新華出版社，1997 年第 1 版)，第 166–169 頁。中譯本是根據俄文原版翻譯的。

10　毛澤東 1920 年 12 月 1 日「給肖旭東蔡林彬並在法諸會友」信件，《毛主席文選》(南昌：中共江西省委黨校紅色造反派總司令部編，1967 年 8 月版)，第 1 集，第 18 頁。

夏道漢、郭德宏等人的多篇考證論文，就可以看到在湘南、粵東、江西等革命區域，各級黨軍組織是怎麼發動革命群眾，比賽打人、殺人、燒房、焦土的。

這種紅色恐怖主義被當作革命法寶，一到關鍵時候就盡力操用，即便是在執政以後：1950年代初期滅掉大約一百萬條人命的「鎮壓反革命」高潮、文化大革命期間在湖南廣西內蒙古等地的涉及數萬條老幼婦女(若算上青壯男子達十幾萬)人命的大屠殺，實例太多。僅僅一部《血的神話：西元一九六七年湖南道縣文革大屠殺紀實》[11]裏面的般般細節，就能把很多伊斯蘭國恐怖分子給鎮住，後者的方法還是顯得太簡單太缺乏想像力。

要害不在恐怖行為，而在如何對之合理化

二十世紀的革命暴力活動，僅僅以蘇俄和中國的兩大實例，不用再算上細小而出色的北朝鮮和「紅色高棉」（「赤柬」），也不用算上秘魯「光明之路」（或譯為「光輝道路」）之類的遊擊隊，其烈度、廣度、長度，就把激進伊斯蘭的恐怖主義(大約是起始於1960年代中後期)給遠遠地拋在了後面。可是，蘇俄中國的那一大串革命暴力是以馬列主義、毛澤東思想的意識形態名義實施的，是高舉着「用紅色恐怖對抗白色恐怖」的階級復仇正當性大旗去安排佈置的。因此，它們給世人留下的印象、給歷史留下的記載，卻仍然具有相當的合情合理性，繼續被數量可觀的當代人所維護。

而且還必須提醒諸位，當今激進伊斯蘭恐怖主義之所以弄得名聲狼藉，幾乎變成了過街老鼠國國喊滅、人人喊打，部

---

11 譚合成著，香港天行健出版社，2010 年出版。

分原因也在於蘇俄共產黨下臺了，中國共產黨變得靈活機動了，因此國際舞臺上大聲為中東激進主義暴力組織辯護的力量嚴重削弱了。閣下只要翻閱1960年代後期到1980年代後期的蘇聯《真理報》、《消息報》、《塔斯社新聞》、中國的《人民日報》、《新華月報》等主要官方喉舌，就能夠讀到連篇累牘的這類辯護言論。辯護的基本道理與上述的大體一致：用正義暴力(紅色恐怖)對付反動暴力(白色恐怖)，合情合理。諸位不妨設想一下，倘若今天俄國中國繼續在聯合國安理會和其他重大國際場合，動用龐大的外交和宣傳資源為中東激進主義暴力組織辯護，那又會造成怎樣的力量對比？

小結：一多一少，框架變了！

　　自從1990年代初以降的四分之一個世紀裏，世界上的恐怖主義活動越來越多了，並不是這個地球上的可怕暴力事件比1900年代到1980年代那個期間的平均量更多，不是的。基本的一個原因是以前被廣泛界定為「暴力革命」的活動，後來被更改界定為「恐怖主義」活動。這個關涉世界政治動盪的大框架一變易，無數的「事件」就變換了一個說法，也就是英語人文和社會科學中所強調的"change of the great narrative"。簡言之，恐怖主義活動多了，一大半原因是革命活動少了。

　　如果二十世紀的三位絕頂革命家列寧、斯大林、毛澤東還健在，他們是決不會允許這種大框架變易的。他們一輩子的理論和宣傳工作，最重要的成果之一或者說首要的成果，就是把人類社會裏形形色色的恐怖主義活動，劃作兩類截然的區分，將其中的一類界定為「革命」，於是它立馬具有天經地義的正當合理性。列寧1918年3月教導蘇俄共產黨代表大會：我

們「從來沒有忘記，暴力是整個資本主義徹底崩潰和社會主義社會誕生的必然伴侶。暴力將是一個世界性的歷史時期」。[12]

最後提醒各位，如果把列寧的此一預言從「資本主義對社會主義」的意識形態話語中解構出來，代之以西方對東方、此教派對彼教派，「暴力將是一個世界性的歷史時期」說得非常到位。就在2015年12月6日晚間，美國總統奧巴馬罕見的於非例行演講日的黃金時段在白宮橢圓形辦公室發表反恐講話之時，歐盟官員對CNN記者說：已經有400名恐怖分子返回英國，準備發動血腥攻擊。日本《產經新聞》2015年12月5日報導，伊斯蘭國勢力已蔓延到亞洲廣大地區，情報顯示該組織此前一周命令全球的支持者：「不必到伊拉克和敘利亞支持伊斯蘭國，而是在自己的國家裏等待耶誕節發動襲擊」。兩岸三地的讀者要有充分的心理準備，暴力會時不時的接近我們，多半是在我們的旅途之中，有時甚至是在我們的本土家園。[13]

附錄：「清官比貪官更壞」後面的革命智慧[14]

在中國兩千多年的歷史上，不管是在官方的正史、民間的野史，還是民間傳說和戲劇裏，都有一個代代相傳的觀念：

---

12 《列寧全集》（北京：人民出版社，1956年），第27卷，第118頁。

13 筆者從二十世紀尾開始介入的全球化對中國和周邊國家關係的影響之經驗研究，一直持續到2009年，此後便被迫中止其中的一個重要部分——因為中國西北部地區和周邊穆斯林國家及社群之間的交往，我們無法作深入實地的考察，當地政府不能夠保障我們的安全。近年來，美國軍方和情報部門多次警告：「亞太地區恐將繼敘利亞、伊拉克、阿富汗和利比亞後，成為伊斯蘭國的第五大活躍地區，其中印尼、馬來西亞及菲律賓等穆斯林人口眾多的國家，勢將成為伊斯蘭國開拓東南亞戰線的據點」（「美國警告：伊斯蘭國正在東南亞蠢蠢欲動！」臺北：《中時電子報》，2016年8月29日）。

14 原發表於英國《金融時報FT中文網》，2008年10月31日

清官好，貪官壞。這個觀念，即使是在今天的中國，在官方的或民間的話語系統中，也不會有什麼大不同，老百姓期盼清官、痛恨貪官，政府最高層也是一樣，儘管在誰是貪官、誰是清官的識別上有差異，在衡量某一個具體官員是清官還是貪官的標準上可能會不同，但在基本觀念上不會有大的差別。

我想很少有人能夠想像到或者還記得起，就在四十多年以前，中國的官方宣傳和理論界，曾經提出和大力論證過一個驚天動地、徹底顛覆歷史的觀點——在中國歷史上，即1949年以前的所有時代，清官比貪官更壞、更可惡、更必須予以揭露和批判。

這個觀點應該是從1965年開始正式推出的，真正得到猛烈廣泛宣傳的，是在1966年夏季文化大革命開始時。這個徹底顛覆歷史的提法是怎麼論證的呢？基本道理如下：貪官壞，是因為他們魚肉人民、欺壓老百姓，給勞動人民帶來很多苦難。這固然可惡，但是，清官卻比他們要壞得多，因為在黑暗的舊社會，如果官員不貪污，讓老百姓吃的苦少多了，勞動人民就不會那麼仇恨官府、仇恨舊制度。於是，清官的清廉，反而有助於剝削階級政權的穩固——勞動人民不那麼仇恨他們，就不會起來造反和革命。清官緩和了階級矛盾，麻痺了勞動人民的覺悟，大大延長了舊社會制度，所以清官比貪官更壞。相比之下，貪官的貪婪豪取，更能夠激起勞動人民的仇恨，促使他們奮起反抗鬧革命，推翻舊政權。

筆者手邊保存的從中國內地小城市地攤上買來的舊書刊裏，就有一本《高舉毛澤東思想偉大紅旗，積極參加社會主義文化大革命》。這本出版於1966年的小冊子中，收羅了幾篇當時重要官方媒體的文章。其中一篇，是批判鄧拓等人的《燕山

夜話》雜文集(文革初期，曾任《人民日報》總編輯的鄧拓，在北京市委書記處書記的位子上又被毛澤東集團嚴厲批判，隨即含冤自殺)。此文在批判《燕山夜話》時，專門舉了幾個例子，包括鄧拓推崇的中國歷史上一些著名的清官，如海瑞、米萬鐘。這場標示着文革起點的大批判，是直接在毛澤東、江青、康生的領導下發動的。「清官比貪官更壞」的激進觀點，是其重要的組成部分。

這種今天看起來十足怪異的邏輯後面，隱藏的不是普通的智慧。它用今天的術語來說，就是極端主義的頂級智慧，或革命極端主義的最高智慧。毛澤東晚年把當年列寧已經發展的革命極端主義，又猛力推進了一大步。過去列寧與「第二國際修正主義」理論家論戰時，批判所有的「黃色工會」。所謂的黃色工會，是指那種代表工人與雇主集體談判，要求提高工資、縮短工時、提供更多福利、改善工人經濟待遇的組織。列寧為什麼說黃色工會很壞？道理就是這樣的工會使得工人生活變得較好，而待遇好轉的工人就不會起來革命，以暴力推翻政府，若此，列寧領導的激進革命黨就沒有了大批的追隨者。所以，列寧把黃色工會看作是最危險的敵人之一。從這個意義上講，毛澤東時代鼓吹的「清官比貪官更壞」的觀點，是把列寧主義大大推進了一步，在革命極端主義的道路上可以說是登峰造極。

它後面的智慧就是：為了推翻統治階級，希望現存政府的官員們所做的壞事越多越好、越絕越好。任何通過改良的辦法，即比較緩和的方式來使現存體制少做壞事、多做好事，都是錯誤的政治路線。但凡社會的狀況逐漸進步，就會損害極端主義者以翻天覆地的方式徹底推翻現政權的機會。

丁學良｜政治與中國特色的幽默

列寧與第二國際的論戰，距今差不多一百年了；文革發動到現在(2008年)已經有四十二年。但像這種造反的極端主義思維仍然後繼有人。2008年10月16日英國 *Financial Times*《金融時報》發表了約瑟夫‧奈(哈佛大學政府學院教授，曾任美國助理國防部長)的一篇評論，題為《要提防10月份本‧拉登可能的突然動作》。文章提醒公眾，現在看起來美國總統大選中共和黨保守派的麥凱恩越來越不利，民主黨的奧巴馬勢頭大增。這個關鍵時候，要特別提防「基地組織」的突然動作，因為此前有先例。上一屆美國大選期間的2004年10月29日，美國總統職務競爭最關鍵的時刻——四天以後就要開始投票——本‧拉登的激進伊斯蘭組織通過《半島電視臺》發出了一盤錄影帶，警告美國人：隨時會來報復你們。在多家電視臺播出後，小布殊迅速超過了對手民主黨的 John Kerry。[15] 聯邦調查局CIA副局長事後講，本‧拉登為小布殊連任總統，幫了一個大忙。

　　本‧拉登非常不希望小布殊下臺、民主黨的 John Kerry 當選總統。因為後者一上臺，會採取非常不同於小布殊當局的外交政策。「基地組織」看得很清楚，小布殊政府的政策，最有利於他們贏得穆斯林極端分子的擁護，在穆斯林世界得到更多的同情和資助，有利於招納新的聖戰戰士。而 Kerry 若當選，會大大緩和美國政府的對外政策，那樣一來，穆斯林世界對美國的敵對態度將會大大下降。奈教授的文章說，現在看來又到了這樣的時刻。奧巴馬若當選，將是第一個非洲裔的美國總統。黑人以前是弱勢群體，曾經被當作奴隸，這樣的人當選為

---

15 John Kerry 後來任奧巴馬第二屆政府裏的國務卿，大力促成了美國和伊朗的和解，受到美國共和黨保守派的持續抨擊。

恐怖主義、極端主義、官僚統治和馬虎主義

總統，不僅會在美國歷史上翻開新的一頁，而且對全世界都有重大的含義。奧巴馬的上臺，會大大改善美國在穆斯林世界乃至全球的形象，使得它在穆斯林世界招惹的敵意降低，因為奧巴馬要採取很多創新的、和解的政策。所以，奈教授警告說，在美國選舉前的這幾天，絕不能大意，本‧拉登會非常着急的，他們如果再來一次突襲恐怖主義動作，又會使美國人在安全問題上猛增憂慮，從而會使主張強硬外交政策的麥凱恩得分，使奧巴馬丟分。[16]

上面提到的列寧批判「第二國際修正主義」、毛澤東集團文革發動前夕的理論準備、美國總統大選三個案例，從政治社會學的角度，使我們能看到其中深層的共性。這就是，一個社會裏極端對立的情緒，是造成對抗、並由對抗升級到嚴重動盪、直至造成暴力造反的一大要素。無論是極左還是極右，兩極是相通的。極端派最希望的，是其對手一方也成為極端派，如果對方不是極端派，而是改良派，這反倒對自己大為不

---

16 幾乎是一樣的「此一極端主義與彼一極端主義相反相成」的辯證法，在2016 年的美國總統大選中重複展現。這一年恰好是「九‧一一恐襲」的十五周年，9 月初美國發生了幾乎同時的幾個恐襲嫌疑事件，德國駐美國的資深記者評論說：在離大選不到兩個月之際，新近的襲擊事件很可能讓特朗普受益。「若在平時，美國警方和聯邦調查局攜手合作的成績定會得到一片叫好聲，因為在新澤西和紐約的炸彈襲擊發生不到二十四小時內，犯罪嫌疑人就被鎖定並抓獲。但公眾輿論卻不為這樣的成績所動，其原因只有一個：特朗普。這位共和黨總統候選人對美國人就本土再次發生極端伊斯蘭主義襲擊的擔心，又一次給出了一個簡單的答案：用種族歸類代替政治正確。……希拉里‧克林頓繁複的分析沒有人喜歡聽。許多人不想知道遠在天邊的敘利亞或伊拉克戰爭和極端穆斯林在美國本土製造的襲擊有什麼關係。他們缺乏安全感，心存恐懼，想要解決辦法，而且是立竿見影的解決辦法」(Ines Pohl：「恐襲將助特朗普一臂之力」，《德國之聲中文網》，2016 年 9 月 20 日）。

利。只有敵對一方走向極端化，才有利於自己一方的極端主義變得更加理直氣壯。[17]

考察這一邏輯線條，吸取其中的歷史教訓，我們至少可以客觀地說，這些年來在中國社會裏，不管是做媒體的、做法律的、還是普通老百姓，更不要說是有權力的人，不管他們是在體制外還是在體制內，只要他們努力對貪污腐敗、濫用權力、虐待百姓的行為等等，予以及時的揭露和批判，那便是在做一件於民於國有益的好事。只要他們的行動是和平的，不管是通過媒體曝光，還是走司法程序，甚或請願遊行，實際上，都是在減少中國社會裏爆炸性衝突的根源。

幾年前在中國內地，「和諧」這個詞還沒有提高到官方最高政策的層面，但可以這麼說，正是不懈地以和平方式揭露中國社會的陰暗面、揭露貪官污吏、揭露魚肉百姓現狀的那些人，其行為的總體效果，是在把中國社會朝着和諧的目標推進一步。同樣道理，那些對做這些事情的人——不管是中國的記者、維權人士、律師、平頭百姓，還是中國體制內的那些同情和幫助這些維權行為的官員——進行壓制和迫害的人，恰恰是

---

17 在 2016 年 10 月中旬香港政治舞臺上的那場關於新當選的兩位立法會議員宣誓的風波，也是一個鮮活的例證。本地報刊廣泛報導：「青年新政」的游蕙禎以及梁頌恆，以英文宣誓時，將 People's Republic of China 中的 Republic 讀成 Re-Fxcking、而 China 則讀作「支那」，最終被官方裁定宣誓無效。由於此言論明顯地侮辱中國及全球華人，引起各界憤怒，云云。在筆者的觀察裏，這樣的極端言論恰恰是另一個政治極端樂意看到的，兩個極端相互刺激，才能成就他們各自的大氣候，進而讓香港居民和社會整體付出代價。兩個多星期後的事態發展證實了此一規律（Emily Rauhala, "Beijing Steps in as Hong Kong Caught in Standoff over China-cursing Lawmakers", *The Washington Post*, 4 November 2016）。有關「青年新政」風波，亦可參考香港老左派程翔、梁慕嫻等人的分析，見程翔：《諸獨根源皆中共》，原文載於《明報》星期日生活（2016 年 11 月 13 日）；梁慕嫻：《梁振英正在利用「港獨派」爭取連任》，2016 年 8 月 23 日《立場新聞》。

迎合了革命造反極端主義的願望。他們對各類依法維權人士進行壓制迫害的總體後果，是在培育和推動中國社會裏的極端主義情緒，促進社會裏的暴力萌芽，推動中國社會裏可能出現更大的爆炸性危機。

過去二百多年來，國際社會有着相關的教訓很豐富。做比較研究的學者們，早已經獲得了一系列清晰的觀念。在歐洲是對比英國和俄國：當年的沙皇制度，總是不斷地對俄國社會裏的改良努力予以絞殺，最後促成了二十世紀初最血腥的暴力革命。而英國在過去的二百餘年裏，雖然也遇到過很多階級矛盾和社會衝突，但其體制和統治階層在大部分時候，能夠採取比較妥協的方式，使得改良成為社會上大部分人可以接受的途徑。所以，英國在過去二百年的大部分時候，都能夠穩定地發展。

學者們在亞洲則是對比中國和日本：近現代的中國，不斷革命、不斷造反、不斷暴力，內部相互屠殺之烈，遠勝於外敵的入侵。而日本近現代史上最重大的變革明治維新，就是穩健的改良。日本的政治結構、統治階級、社會精英，能夠在明治維新初始時達成共識，使得日本在最關鍵的時候，即西方工業文明打擊到東方之際，通過明智的持續改良的方式，把日本帶向現代化，成為白人社會之外第一個成功的工業化強國。而中國卻恰恰相反，它的統治階級和社會精英們，在過去的二百年中，基本上每當有可能在改良和革命之間做一個選擇時，都因為拒絕作制度上的實質進步，導致矛盾越來越廣大深入，把改良的路子越來越壓縮，最後釀成的暴力革命一次比一次更厲害。

在大歷史的背景下看，我們比較到當今的英國和俄國、中國和日本的綜合差異，可以明顯地看出，究竟哪個國家的哪種

方式相比起來更為可取？哪種方式付出的血的代價更少，而帶來的社會的整體進步更大？

　　中國在過去三十年裏，取得了很多物質上、社會上的進步，而保障各方面持續進步的那些法律和政治體制卻嚴重滯後。目前要在這些領域裏大力推動改良的人，實際上正在努力使中國在未來的發展中，不要重複過去的極端主義悲劇。極端主義的思路和情緒，在當今中國社會裏很多地方都有。之所以出現，主要是因為有權勢的人，其中為數很多的封鎖了低成本持續改良的渠道。你要是真的拒絕革命的原教旨主義和極端主義，你就得讓中國社會裏通過深度改良來取得持續進步的力量，能夠有更多的機會，能夠越來越佔上風。

　　文化大革命期間「清官比貪官更壞」輿論背後的智慧，是惟恐官員不壞、惟恐政治不爛、惟恐民眾不怒、惟恐天下不亂的最頂級革命智慧——這個智慧越是不被付諸於實施，越好。

第七篇

「生子當如金正恩！」[1]

　　根據來自平壤的消息，2016年5月9日閉幕的朝鮮勞動黨第七次代表大會，為金正恩新加了一個頭銜：勞動黨委員長。他已經是該黨第一書記、國防委員會第一委員長和朝鮮人民軍最高司令官。這麼算下來，他的頭銜已經完美無缺，涵蓋所有領域了。而他眼下還只是三十三歲，才接班不到五年。本文的標題，就是為此而發的感慨和豔羨——不過不是從筆者的立場上為此而發，本人並不具備發出此種感慨和豔羨的地位，筆者是站在另一種人的立場上而發的。

誰人才有資格說這話？

　　凡是看過《三國演義》的讀者都知道，本文標題是套用該書裏曹操讚揚孫權的那句名言——「生子當如孫仲謀」。不過，後人解讀這句名言卻深挖了一層：《三國演義》的作者以這句話明讚孫權，暗讚曹操，因為曹操慧眼識人，在孫權三十一歲(時值建安十八年正月)的年頭，就高瞻遠矚，識別出孫權的「雄主大業」之未來。

　　倘若我們要在現代政治家裏面找一個人，他有資格說出「生子當如金正恩！」這樣的話，那應該是誰？當然不應該是金正恩他爸爸他爺爺，因為曹操不是孫權的親爸或親爺。最

1　原作於 2016 年 6 月 6 日，部分刊載於香港《信報財經月刊》6 月號。

有資格説出這樣話的人應該是毛澤東——他和金家王朝的關係，頗類似於曹操和孫家王朝的關係。更重要的是，毛在當了中共的「黨皇帝」之後，最念念不忘的大事之一，就是識別和培養接班人。毛越到晚年越是提升此事的重要性，直至最後把它置於最高的地位，為此而悍然發動了文化大革命。

就在毛澤東精心籌劃發動文革的前夕，他發表了著名的「無產階級革命事業接班人的五項條件」最高指示。[2] 此一最高指示雖然不像曹操讚孫權的名言那麼精彩，但它的亮劍發功的能量卻大得多，令數十萬的中共幹部或上九天雲霄，或下十八層地獄！因此之故，自那以後，中共歷屆的頂層都忘不了仿照毛，把接班人問題置於本人執政期間最用心解決的事務。目前全球多處的政策研究機構和跨國投資項目分析家們都在琢磨，按計劃於2017年年尾就要舉行的中共十九大，能不能把下一代的接班人問題搞定？可見如今華人洋人智庫思考的中國大問題，也還是脫不了毛澤東體制遺留的懸念。

嘗試列出新世紀「革命事業接班人」的核心素質第一條

筆者這裏站在毛澤東的領導權理論和畢生實踐的立場上，試圖以金正恩這個活生生的、一路大風大浪卻至今有驚無險、綜合效果頗為過硬的新一代領導人為範本，總結出在二十一世紀前期的國際和國內大環境下，夠格的革命事業接班人的幾項條件，這些條件是上世紀前三分之二期間毛那一代革命領導人核心素質的繼往開來。草列出這些「青年領袖素質」，不但有助於我們觀察當下的朝鮮半島勢態演化，也有助於辨識中國可能湧現的政治新秀的某些特色。

---

2 原文較長，恕不引證，詳見《人民日報》，1964 年 7 月 14 日，頭版。

依照毛澤東的政治哲學，金正恩作為革命事業接班人「夠格」的第一條體現在：小金能夠牢牢管住各級幹部。用人用而不信，朝為座上客，夕為階下囚，時時刻刻讓他們膽戰心驚，朝不保夕。只有這樣，方能預防手下的武將文官平時對領袖的指示陽奉陰違，關鍵時刻圖謀政變。一個領袖管控龐大的幹部群體能夠達到如此高度，實在太不容易！毛本人直到1966年啟動文化大革命後，才進入這般境界。而金正恩接班後不久，就快步邁到這個境界。雖然金三世之前有一世、二世前輩打下的基礎，但如何活學活用這個基礎，仍然是三世本人的歷練。

　　所以，今天國際政治觀察界對金正恩一人之下的任何朝鮮官員出事，都認為是新常態。假如一段時間沒有這樣的整肅報導，反倒令人驚訝。至於整肅的手段如何，那是次要的。而且，傳言已經被「槍決」、「高射炮決」、「噴火器決」、「坦克碾決」的少數高官，過幾個月忽然又露面了，這也慢慢地被當作新常態的要素。它表明，無論是在朝鮮內部或其緊鄰韓國或稍遠的他國，都在接受一個現狀——在金正恩體制下，高級官員的上下生死，與冬天寒冷夏天炎熱一樣，是大家用不着抱怨的規律。

其他核心素質也不可缺

　　依照毛澤東的政治哲學，金正恩作為接班人「夠格」的第二條體現在：小金也能夠牢牢治住普通百姓。對待老百姓，要讓他們日常生活在半饑半飽的狀態。吃得太飽太好，一是浪費國家資產，把本來可用於發展軍工、維持部隊、特供要害部門官員的寶貴資源，耗用在一般苦力的身上。二是吃飽了吃好了會胡思亂想，不老實幹活，追求民主自由之類的高檔目標。毛

在1950年代說的制定經濟計劃要突出重點產業和項目、用在人民生活方面的資源配置「以不餓死人為原則」，講得就是這個革命道理。[3]

依照毛澤東的政治哲學，金正恩作為接班人「夠格」的第三條體現在：小金重視意識形態和宣傳，時時刻刻抓牢抓好輿論工作，讓本國絕大多數老百姓和普通黨員及士兵常年不明白境外的真實狀況。外部世界年年月月為朝鮮的大小饑荒、越境逃亡、製造假幣、行銷毒品等等問題頭痛不已，朝鮮的民眾卻被本國輿論宣傳弄得暈頭轉向，還以為別的國家才是糟糕透頂的人間地獄！筆者幾次赴朝鮮調研，都對此感歎不已，以下是多年報導中國和朝鮮事務的一位資深西方記者的新近見聞，生動旁徵了這一點：

> 在逃出來之前，朝鮮人總是認為他們比中國人過得更好……[直到現在]他們還是認為他們比中國更富有。因此對他們來說，跨越邊境到中國，看到中國的這些食物是非常難受的。我的書裏寫到，一個朝鮮女醫生因為饑餓跨越圖們江，她事實上對朝鮮政權非常忠心，但當她在中國看到地上有一碗米飯是用來餵狗的時候，她意識到中國的狗都比朝鮮的醫生吃得好，她最終決定不再返回朝鮮。[4]

---

3 朝鮮叛逃出來的一位年輕人奧斯丁說：「他在朝鮮仍然看不到任何民眾反抗的跡象。對此，他試圖做出分析。他說：『第一個原因是朝鮮非常糟糕的經濟。如果你特別餓，沒有任何吃的，你的精力根本不會集中，你只會想到吃的東西，而不會想任何其他的事，這也是我自己的個人經歷。』美國布魯金斯學會東亞政策研究中心韓國–朝鮮基金會朝鮮研究的首任主席文馨善(Katharine H.S.Moon)也認為，當你總是處於饑餓狀態時，你很難成為你自己的社會、經濟和政治命運的主宰者」（「為什麼沒有出現『平壤之春』？」《美國之音中文網》，2016年10月5日）。

4 詳閱《BBC中文網》華盛頓特約記者雷旋2016年5月11日的報導。

依照毛澤東的政治哲學，金正恩作為接班人「夠格」的第四條體現在：小金把毛當年力推的「兩彈一星」項目變成了2.0朝鮮版。小金繼承前輩遺願，以毛的「寧要核子，不要褲子！」的雄心壯志，在更艱難的國際國內條件下，試製原子彈、氫彈和衛星(導彈)，不達目的決不甘休。筆者2013年把朝鮮的第三次核爆成功，稱為「毛澤東思想的偉大勝利！」，引發中國內地的真誠共鳴，官方網站上直到2016年8月還有該條報導。

依照毛澤東的政治哲學，金正恩作為接班人「夠格」的第五條體現在：小金對大國強國處之有方，能索要就索要，能蒙騙就蒙騙，能要賴就要賴，決不甘當兒皇帝傀儡。凡是讀過D. Heinzig等學者的著作和閻明復回憶錄的人，都能一眼辨識出當今小金對付中國的技巧，是當年毛對付蘇聯技巧的升級版。[5] 考慮到朝鮮和中國的實力之差遠大於中國和蘇聯的差異，小金敢於和善於抗衡中國的膽略，非同小可。

「西邊不亮東邊亮，黑了南方有北方！」

毛澤東從1943年坐上中共「黨皇帝」交椅時日起，就開始認真考慮挑選接班人的問題。幾十年裏絞盡腦汁翻雲覆雨，從劉少奇到高崗，從鄧小平到林彪，從王洪文到華國鋒，甚至還有從紀登奎到江青之類的考慮，結果都落了空、砸了盤子。這是從中國革命大局着眼，我們觀察者所看到的毛式接班人長篇連續劇的悲劇結尾。

我們如果從世界革命的大局看——毛的雄心早在斯大林去

---

5 Dieter Heinzig, *The Soviet Union and Communist China 1945–1950* (Routledge, 2003),《中蘇走向聯盟的艱難歷程》(北京，新華出版社，2001 年)，中譯本是依據德文原著，更完整；《閻明復回憶錄》(北京：人民出版社，2015年)，第 345–925 頁。

世後，就上升到要爭當世界革命的偉大領袖，他的「革命事業接班人的五項條件」明言是供所有的共產主義運動和社會主義國家學習和落實的——早先大家公認「赤棉」（「赤柬」）首領波爾布特是毛澤東思想和政策的鐵桿學生。遺憾的是波爾布特建立的紅色恐怖政權為時過短，很快就被趕進原始森林，他本人也死得不明不白。環球再看三遍，到目前為止還是金正恩最能夠被評上按毛主義標準來說過硬的革命事業接班人。套用毛時代的名言，「西邊不亮東邊亮，黑了南方有北方！」朝鮮的西邊是中國，南方是柬埔寨。為了革命的未來，毛澤東精神護佑小金一路走好！

最後提醒一點：值得觀察者們思考的是，當今的共產黨領導的國家裏，想達到金正恩高度的年輕幹部有多少？他們和小金相比，距離有多遠？他們可能從哪些方面努力再努力，爭取趕上小金的高度？這些惱人的問題並非純粹的學術探索，而是與公眾皆有干係的大趨勢問題。

假如金正恩作客中國央視CCTV[6]

就在東亞人民以及散居世界各地的東亞裔社群忙着歡度2016年猴年春節的時候，幾個大國和中等國家的首腦及其外交和防衛部門的高官，正忙着東亞的另一件大事。那就是該年1月6日朝鮮「成功試驗氫彈」、2月7日「成功發射導彈」之後，對朝鮮半島日益危險的局勢如何予以控制，特別是如何制裁朝鮮黨政軍核心單位和最高領導人金正恩。這真是「氫彈加導彈，二彈迎猴年！」

6　原作於 2016 年 2 月 11 日。

　　　　　　　　　丁學良｜政治與中國特色的幽默

四個首都忙得不亦樂乎

為着朝鮮第四次核彈試驗和第六次導彈發射而繁忙的幾個國家，其中又以美國、韓國、中國、日本最是忙得不亦樂乎——準確的說，其實是「不亦怒乎」。它們政府最高層級的異常繁忙，必然反映在聯合國安理會的動作之速度和力度之上。可是很長時間裏還多半是「只聽樓梯響，不見人下來」。聯合國安理會無數次地高聲宣示要嚴厲制裁朝鮮，但石破天驚的制裁方案極少出臺，顯然是美國和中國這兩個老大在這個惱人的事務上年復一年地難以達成一致意見，即便韓國和日本在後面再着急，也沒有什麼大用處。[7]

對於中國為一方和美韓日為另一方，雙方為什麼在那麼多年裏都達不成更嚴厲有效的制裁朝鮮的決定，使得這個又窮又硬的軍事獨裁政權一而再、再而三地進行核武器和導彈的更新升級試驗，各方的解釋汗牛充棟，已經可以開整整一年的研究生課程了。根據筆者從2005年初秋起在幾個國家參加過的幾十次研討會上聽來的內容，基本上就是以下這麼幾條。它們被全球外文中文的主流媒體所傳播，一遇到朝鮮半島出事態，則是每天傳播多次，變成了教義一般的固定格式說辭，筆者認為實在有必要予以辨析。

解釋中國政府態度的四條基本原則

第一條，北京擔心如果對朝鮮制裁得太厲害，會導致該國的經濟更加困難，迫使大饑荒災民非法入境中國，造成中方的過度麻煩和負擔。

7　參閱童倩：「日本不滿中國迴避討論朝核問題」，《BBC中文網》，2016 年 1月 25 日。

對於這一點，筆者本人在中朝邊界地區2015-2016學年期間的調研可以部分地予以支持。中國這邊的農村地帶，已經很難遇到年輕人了。過去二、三十年裏，他們尤其是她們都紛紛離開了東北寒冷又艱難的鄉村生活，跑到大中城市打工落戶，有路子的人還跑得更遠，去韓國和日本打工，留下來的絕大部分是老年人。一遇到朝鮮那邊的經濟出現更糟糕的狀況，就有更多非法跨越狹窄界河偷入中國邊境村莊的朝鮮人，特別是士兵，搶奪糧食和現款等。一遇到反抗，打傷打死中國公民的事層出不窮，因為中國這邊的農村留下的老年人沒有什麼對付入侵者的能力。為了緩解中國邊境地帶農村「空巢」的趨勢，中方各級政府近幾年裏特別撥款，為農戶修建更堅固舒適的私房。可是迄今看來，能夠起到的遏制年輕人外流的效果不大。

第二條，北京擔心對朝鮮若實施更加全面的制裁，不僅是對涉及軍事用途的器材原料封鎖，還包括貿易、金融、能源、糧食、工農業生產物資、朝鮮外派勞工等等的封鎖，會很快把這個政權拖垮。那樣一來，就會有幾百萬的難民湧入中國內地，實在受不了這個難民負擔。近兩年裏歐洲面對的來自中東和北非的難民大潮，就是鐵打的明證。[8]

對於這一點，筆者既有部分的同意，也有極不同的視角。如果僅僅是從幾百萬難民湧入中國內地的綜合後果看，若是管理得好，也能夠變成一大筆可觀的勞工資源，正可以補充中國勞工總量急速下滑的缺口。多年的數據表明，朝鮮外派勞工一直是好多國家裏最守紀律、效率很高的建築業、加工業、農

8　參閱《德國之聲中文網》採訪德國前駐北京大使 Volker Stanzel 的報導：「制裁朝鮮，這回由中國來扮狠角色」，2016 年 1 月 29 日。

業勞動的勁旅。據筆者所知，到2016年上半年為止，在中國東北地區的各類朝鮮勞工已有十萬餘人。中國政府特別擅長於對老百姓的管理，決不會像歐洲國家那樣，被難民搞得束手無策。能夠把十三億人管得那麼嚴格的超級強勢政府，還管不住新來的幾百萬人，何況這些人早就被本國政府管到最聽話的奴隸地步了？

第三條，北京不願意朝鮮完全被國際制裁管得服服帖帖，那樣一來的話，中國與美國、日本、韓國等打交道的過程中，就少了一張討價還價的好牌。朝鮮一鬧事，國際社會就得找中國協助，北京就可以在其他麻煩問題上迫使對方讓步，以換取北京介入朝鮮危機的管控機制。

這當然是有道理的，不過，我們也要清醒地看到，這張牌的效應在長時段裏可能是遞減的，因為美日韓之所以「央求」中國介入，是期待着北京出手能管上大用。如果北京或是不出手，或是出手不力，朝鮮滿不在乎地繼續試驗兩彈一星，那麼，美日韓就不會在其他的麻煩問題上，向中國作出足夠的讓步，因為回報太少了。

第四條，北京最擔心的是，如果對朝鮮的制裁力度大到徹底搞垮了該國政權，韓國統一了南北，駐紮在朝鮮半島上的美軍就會乘機北上，直抵中國的邊境，戰略後果太可怕。

在筆者看來，朝鮮半島駐紮的美軍北上是事態可能發展的一種趨勢，另一種趨勢是美國大大縮減駐韓國的兵員，大部分人撤走，留下武器裝備和少量的美軍顧問及特種部隊，以防萬一，主要用於監視中國東北的軍情。這麼分析的理由是：一旦北朝鮮金家王朝垮臺了，韓國以自己的政治法律經濟體制穩定了統一後的南北，美國繼續駐紮龐大兵員就會在美國國內受到

質疑，美國國會很難批准那麼多的美軍老呆在朝鮮半島。筆者如此推論的先例就是1992年統一以後的德國，美國駐軍的規模隨後大大減少了。

應該再加上第五條：核心中的核心

以上列舉的全球不斷重複的那四條，就是至今觀察家們對北京的作為和不作為的最主要解釋。然而，在制裁朝鮮一事上，國際觀察界沒有對北京的另一個動機給予應有的重視，實在太遺憾。筆者認為，這個動機就是「堅決防止把一個共產黨領導的社會主義政權予以推翻」。儘管從嚴格的社會科學概念出發，許多人不會用這個定義來描述朝鮮體制，不過在中共的政治和意識形態分類裏，還是這麼界定它。

如果我們環視全球，現在屬於中共如此這般界定的國家政權，只剩下中國、越南、朝鮮、老撾(寮國)、古巴五個。假如再除掉一個，所剩幾何？特別是，假如北京是「除掉」朝鮮的國際合作團隊之關鍵的一員，那又意味着什麼？那不就等於是中共也成為「推翻共產黨政權的國際勢力」的盟軍了嗎？這是比什麼後果都更嚴重的後果！

自從1992年蘇聯東歐共產黨陣營消失以來，中共對一切國際和國內大問題的分析評估，都是以「會不會危害共產黨的執政地位？」為終極標準。中共這些年來非常在意周邊國家政權「改變顏色」的風向，因為這會引發傳染效應。對它的四個共產黨執政的國家夥伴，中共近年來很是關照，盡量不讓國與國的關係之負面事態衝擊黨與黨的關係，生怕又減少了一個「兄弟黨」。[9] 朝鮮再怎麼蠻幹胡來，其他國家可以採取單

9　對越南是另一個鮮明的例子，儘管中國和越南有南海島嶼海域之爭，雙方

　　　　　　　　丁學良│政治與中國特色的幽默

方面的措施對付，但絕不至於促使中共幫助國際社會去消除它；消除它並不意味着對它大轟炸，改變它的顏色也就是消除它。

可以用三句話來剖明本文的核心觀點：上文所提及的那四條原則，全都是圍繞着「國家利益」來解釋為什麼中共對制裁朝鮮有種種保留，這些當然是實在的原因。但是，筆者把第五條看作是更深層的原因，因為它是立足於「黨的利益」。在黨國（The Party-state）這種體制下，黨的利益始終是高於國家利益的。君若不信，可以流覽這些年來中共領導人的無數講話和官方宣傳，政權是核心，「黨權」是核心中的核心。

回到本文的標題

在目前全世界熱議朝鮮半島危機的關頭，假如金正恩被邀請作北京CCTV央視節目的嘉賓，面對中國內地觀眾的憤怒質問：為什麼你非得一而再、再而三地強行試驗核武器和中遠程導彈，給中國政府帶來那麼多的壓力和國際誤解，你難道不怕咱中南海的鐵拳頭回擊你們嗎？[10]

暗中佈置對抗兵力，2016 年 8 月下旬越南國防部長訪問北京期間，中共官方正式表示：希望中越雙方增進政治信任，建立「社會主義命運共同體意識」（「越南國防部長瞻仰毛澤東遺容，強調政治互信」，《BBC中文網》，2016 年 8 月 30 日）。

10　正值中國主辦 2016 年G20 峰會期間，朝鮮於 9 月 5 日向東部海域發射了三枚彈道導彈。人在杭州的朴槿惠總統當面警告中方，平壤愈演愈烈的挑釁行為，包括一系列核武器和彈道導彈試射，已經「嚴重損害該地區的和平」，並且對首爾和北京的關係「構成威脅」。《新華社》報導，習近平告訴韓國領導人，北京反對在韓國部署美國建造的薩德反導彈體系。首爾表示，薩德體系旨在反擊有可能來自朝鮮的導彈襲擊（《美國之音中文網》，2016 年 9 月 5 日）。次日《BBC中文網》發自杭州的報導證實，習近平是在會見朴槿惠時作出以上的表示，朴槿惠則稱朝鮮不斷的挑釁行為影響中韓兩國的關係。國際觀察界認為朝鮮選擇在主要盟國中國舉辦的G20 峰會

筆者估計，首先金正恩會厲聲宣示：「朝鮮剛進行的一次氫彈試驗是在美帝國主義發動核戰爭的風險中守護國家自主權和民族生存權，切實保衛朝鮮半島安全的自衛性措施！」——他確實在2016年1月10日說了這番話，由官方的《朝中社》報導，類似的話在導彈發射後他又重申：「此次核子試驗是一個主權國家的合法權利，是堂堂正正的行為，沒有人能夠指責」。[11]

　　隨後金正恩還要笑嘻嘻地補充說：「中國觀眾們，貴國是要揍我國幾下的，揍得鼻青眼腫罷了，一定不會把我國揍扁打爛。那樣的話，世界上不就又少了一個共產黨國家嗎？我很放心，貴國英明的黨中央絕不會這麼幹的。祝中國同志們猴年快樂！」

期間試射導彈，無疑令主辦國蒙羞。筆者想像，金正恩若是也在場，一定會嘲笑中韓二位首腦是在自彈自唱，沒啥實際意義：「你們又能拿我怎麼樣？」果然不出所料，9月9日朝鮮成功地進行了第五次核子試驗。好戲還在後頭。

11 "Storms May Brew, but in North Korea Pride over New Satellite", *Associated Press*, 7 February 2016.

第八篇

中國的智庫：智枯和智源[1]

　　刺激筆者寫這篇帶有公共政策建議成份文章的間接原因，是兩個時隔很多年、而在核心機制上卻密切相關的反差式經驗。刺激筆者寫這篇評論的直接原因，是臺灣2016年開始的全面政權變更(包括行政部門、立法機構、高等法院)及隨後層出不窮的海峽兩岸必須嚴肅對付的老大難困擾和新大難衝擊。

它山之石，不可以攻玉？

　　第一個間接經驗來自2006–2008年在北京期間，筆者參與美國和中國有關全球化對雙方關係新挑戰的合作研究項目，多次聽到中方資深研究人員對美國形形色色智庫的羨慕，和希望把這一體制引進中國大陸運作的熱切希望。有位中方的研究小組負責人特別提及他們小組訪問加州斯坦福大學及鄰近的著名智庫胡佛研究所，坐在課堂裏聽國際關係專業研究生班的討論。授課的幾位教授就是幾年前剛卸任的美國外交部門和國防系統的高中級官員，他們幾十年深度介入美國對外和軍事政策的制定和執行過程，把這樣的切身參與、觀察、操作、反思形成的洞見容納進課堂教學，效果當然不同於一般的紙上談兵，因為對外關係和安全事務不是抽象思維的玄學，而是實踐性極強的應用知識分支。這位中方人士感歎地說：「要是我們

1　原載《金融時報FT中文網》2016年2月18日。

中國的名牌大學也能夠請這樣的前資深外交家和防務官員當教授，那咱們的政策研究素質和培養出來的學生水平就不是今天這模樣了！」

第二個間接經驗來自2014–2015年期間，筆者多次參加中國內地新成立的智庫和準備成立智庫的高校舉辦的小型座談會。為什麼都是小型座談會？原因多半是：由於中國黨政領導高層的首肯，中國必須大力發展自己的智庫系統，為日益增加的內政外交、政治經濟、軍事安全等等的新難題作出有實際應用價值的籌劃方略，供各級決策機構作參考，提升決策水平。可是，所有這類難題都具有一定程度的敏感性，越是難的越是敏感，因此不便於舉辦更大規模的公開研討會，怕惹上麻煩。

筆者幾次誠懇地建議中國內地智庫的成員：只要與會者不洩露被清楚界定的國家機密，專門就難題本身進行實事求是的探討，就不應該那麼嚴格限制研討會的規模，尤其是限制它們的開放性。越是開放式的針鋒相對的辯論，越是能夠刺激大家產生出新主意、新觀點、新設想、新方案、新對策；否則，智庫會慢慢被搞得越來越「智枯」的。[2] 對方基本上同意我的看法，可是他們不願意冒政治上的風險。

筆者讀到多篇海內外的報導，近來中共高層機關一再強調內地黨員和幹部「不許非議中央！」「不許妄議大政方針！」這種警示一定要有嚴格清晰的界定，決不能成為一個「彈性籮筐，什麼都可以往裏裝」，否則，中國內地的智庫就更難有效運作了。智庫之所以有存在的價值，就在於它們的成員能夠認真負責地分析、討論、評價既定的上層決議和政策的

2　參閱丁學良：《中國的軟實力和周邊國家》（北京：東方出版社，2014年），第59–63頁。

缺陷和失誤，建議修改乃至放棄它們，推出更好的預備方案或替代對策。如果智庫成員天天只能高呼「堅決擁護、完全贊成、全面貫徹」既定的決議和政策，那要花大錢成立智庫幹嗎？所以筆者感到，中國傳承數百年的智諺「它山之石，可以攻玉」，應用到企圖引入美國智庫的經驗進中國內地一事上，目前恐怕要在中間加上一個「不」字。

有必要另闢奇徑增生智源

按照海內外某些觀察家的樂觀估計，以上提及的中國內地對「議政」的嚴格限制，至少要維持到2017年年尾的中共十九大之後。可是有些重大問題還是需要及時開啟嚴肅議政的有效渠道，其中自然包括臺灣海峽兩邊關係的大難題。筆者覺得，中國大陸最高層應該開啟推陳出新的智庫運作的一條奇徑——邀請2016年5月20日臺灣權力交接以後，已經卸任的馬英九博士到北京一家合適的教學研究機構作短期的訪問教授，一個月至三個月為好。「訪問教授」(Visiting Professor)職稱是國際上通用的一種安排，是落實卸任的高官們把經驗智慧回饋於社會、服務公共利益的一個方便體制，花錢不多，靈活機動。

北京眾多的教學研究機構裏邊，哪一家相比起來更加合適？以筆者所見，中共中央高級黨校最佳，理由有三條。其一，該校學員都是中共黨政系統的高中級官員，他們最有機會把聽課的內容融化進決策思考之中。其二，該校管理嚴謹，省卻了北京高層對馬英九講課的內容可能引發失控效應的擔心，而在常規的大學裏面，就難以作這麼嚴謹的管理。其三，該校邀請馬英九作訪問教授，也符合過往多次兩岸高層人

士交流的慣例。卸任後的馬英九可能會當上國民黨內的一個名譽職務，也可能是裸退，但他還是中國國民黨的黨員。所以，中共中央黨校作為一家黨的機構，邀請他來，對雙方都名正言順。

首選的課題之一：認同的跨代之爭

邀請馬英九來中共中央黨校講課，首選的課題在筆者看來應該有兩門，都屬於中國大陸眼前和今後相當一段時期內的重大關切點，而且馬英九對這兩門課題也有扎實的根底講授。

第一要請他講一講「政治中國，文化中國，歷史中國，未來中國」這個大課題。這方面的討論繁榮於二十世紀中後期中國大陸之外的幾大中國人社群，首推臺灣，蔓延至海外多處地方，在北美特別的熱烈，尤其是在受過高等教育的人口中。馬英九那一兩代在臺灣成長、同時真誠認同中華價值的青年學子，長期深浸於這個大討論中的理性和感性潮流之中，獲得了真切豐厚的體會。二十世紀中後期，大陸之外的幾千萬中國人群體裏，出於歷史的或現實的原因，有些人在政治上認同「中華人民共和國」，有些人在政治上認同「中華民國」，有些人出於經濟利益考慮對這兩個政治體系都公開認同，還有些人出於價值觀的原因對這兩者都不認同，但幾乎所有的人大體上都認同中國文化，儘管對這個龐雜的文明傳統有不盡相同的解釋。[3]

這種源於對政治中國的認同之尖銳的分歧，並不僅僅是抽象的名稱或符號之爭，它更使得無數大陸之外的中國人，主動

3　參閱洪泉湖主編：《百年來兩岸民族主義的發展與反省》(臺北：東大圖書公司，2002 年)。

或被動地捲入個人和家庭安身立命的衝突和危機。筆者雖然是這場大討論的後進入者，也曾經在北美、臺灣、東南亞、歐洲的中國人群體裏，一次又一次地目睹由於這樣的認同而有過種種哀傷乃至慘痛遭遇的男女老少，動情地講述個人的閱歷和家族宗親史。

以上的政治認同之分歧，大半是基於十九世紀尾以降的歷史根源。那麼，即便所有生活於不同政治體系下的中國人，對歷史的中國無法達成一致看法，對於未來的中國呢？哲人黑格爾有句名言：「我們之所以是我們，是因為我們有歷史。」可是不要忘了，我們是為了未來而活着的，我們更是為了我們後代的未來而辛勤勞作的。那麼，特別是生活在兩岸三地的中國人，對未來的中國，是不是可以而且應該努力達成最大的認同公約數，以擺脫「一個中國」最終分裂的混戰前景呢？在這樣的最大公約數之下，緩慢和堅定不移地以合理合情的方式，消減政治認同上的分歧衝突。我們接觸過的大陸之外的中國人，越是年輕，就越是對「歷史的中國」不再糾纏，越是對「未來的中國」多有期待，這是跨代的認同之爭。

對於這些問題，馬英九一定能夠給中共中央黨校的學員們，帶來富有啟迪意義的講課，因為他那一類人出於家庭的和教育的背景，一輩子都在這些問題裏面思考、掙扎、嘗試、實踐着。尤其是他主政的八年期間，力圖把這跨代的認同之爭通過具體政策來化解，其中的得失甘苦，恐怕目前兩岸三地的政界高層，無人有比他更深沉的感悟。

首選的課題之二：海域和島嶼爭端的法律問題

馬英九在哈佛大學法學院於1981年完成的學位論文，主題

就是東海這類爭端的法律方面："Dissertation for the degree of Doctor of Juridical Science: Trouble over oily waters: legal problems of seabed boundaries and foreign investments in the East China Sea"。他在任的八年期間，這類爭端變得越來越火爆，他每次發表講話或接受採訪，都能以相當專業的知識作出解釋。與此同時，他也提出過和平開發有爭議的海域資源的建議，頗受國際社會的重視。就在2016年1月28日他任期的最後階段，還頂着多方壓力和誤解，以「中華民國總統」的身份視察南海爭議中的太平島，以證明它符合聯合國海洋法公約關於「島嶼」的條件，而非「岩礁」──這恰恰是眼下菲律賓在國際法庭就此打官司的一個要點。與此對照，勝選後的民進黨出於本黨利益高於一切的考慮，拒絕派該黨高官與馬英九同行(參閱民進黨官方網站2016年1月27日公告)。

東海和南海的爭端及其法律問題，是第二次世界大戰剛結束作為戰勝方的中華民國政府着力應對的要務之一，積累的文獻和經驗非常厚實。隨着菲律賓積極把此爭端遞交到國際法庭求裁決，越南等國也會仿效(這也是2016年召開的美國和東盟莊園峰會的主題之一)。中國大陸過去在國際法領域的人才和經驗都極為欠缺，現在惡補也不可能馬上到位。像馬英九這樣具有專門知識和操作經驗的政治家，大可幫助北京決策層對付這一連串的難題。

馬英九的講課肯定不會百分之百符合中共中央黨校學員的尺寸，不過，若是能夠有百分之三十的內容被接受，那也大大增加了北京決策機構的智源。讓他這匹馬先行一步作訪問教授，更多的合格者便可陸續造訪該黨校了。

越是開啟新的智源，智庫就越是不至於智枯。

中國外交官訓斥人的苦衷[4]

　　從2016年6月「兒童節」以後的好幾個月裏，在筆者參加的多個海外學術研討會上，一些與會者包括書呆子型的，都要情不自禁地評論一下這年6月初的那件涉關中國的外交風波——中國外交部長在加拿大首都的記者招待會上怒氣沖沖地訓斥一位加拿大女記者，馬上引發了加拿大媒體的廣泛抱怨，然後記者團體跟進一步向加拿大的反對黨國會議員和行政部門投訴，最後終於鬧到該國總理特魯多親自出來平息這場「記(者群)憤」，說他本人已經關注此事，當面向中國外長表達了加拿大官方的不滿。[5]

　　這場外交風波其實沒什麼特別重大的份量，卻鬧得半個世界都知道，而且一直議論紛紛，因為在國際上很多觀察家都把此事和它發生前後的幾件大事——南海東海爭端、美國中國軍演、臺灣政局走向、杭州G20峰會——聯繫起來加以評論，往往作出中國是「強國崛起、輸出控制、全面稱霸」的辛辣解讀。本篇評論力求站在政治文化和行政體系比較對照的層面，對中國外交官訓斥外國人——訓斥中國人另當別論，因為那是屬於「家暴」範疇的舊新常態——這類公開的表現，作出同情理解的適度詮釋。同情理解(sympathetic interpretation)在這裏的意思是：即便你不同意對方的說法或做法，也能夠置身於對方的情境中真切理解對方為什麼那麼說那麼做。中國畢竟已經成為國際政治包括軍事和安全事務的最重量級參與者

4　原作於 2016 年 7 月 21 日

5　Susana Mas, "Justin Trudeau Says Canada Expressed 'Dissatisfaction' over Chinese Minister's Outburst", *CBC News*, 3 June 2016.

之一，同情理解中國外交官的某些引人注目的表達和表現方式，至少有助於抑制從最壞的可能去測度對方意圖的惡性互動循環。

革命外交的傳統和理性立場的護罩

　　首先我們要理解的是，中華人民共和國的外交是源於「革命外交」譜系的，雖然當下北京已經不再對外頻繁使用這個術語，但革命外交的傳統並沒有截斷，其核心精神是把外交當作「鬥爭」和「戰線」，把外交場合當作「戰場」。如果把上面提及的那場加拿大風波放在革命外交的傳統裏看，它並不特別的刺激人。二十世紀下半葉最令人難忘的革命外交事態，還是蘇聯所展示的，這個超級大國總理的那一言和那一行：1959年9月赫魯曉夫訪問美國時面對着美國官員說「我們要埋葬你們」，1960年10月在聯合國大會上被菲律賓代表所激，惹得赫魯曉夫及外交部長葛羅米柯脫下鞋子敲擊桌子，事後被罰了款，據悉是一萬美元，在當時可是一筆鉅款。[6]

　　如果我們要在中華人民共和國找到一位最夠格的革命外交鬥士，當屬江青於1972年2月接待首次訪華、得意於他破冰之旅的美國總統尼克松，其表現也可圈可點。當江青陪同尼克松觀看革命樣板戲《紅色娘子軍》的時候，他試圖表現出西方紳士的風度，江青卻咄咄逼人：「你為什麼拖到現在才來？」所幸舞臺上此刻革命音樂喧聲大作，免去了尼克松的麻煩——否則他得費力辯解美國1950年代的麥卡錫反共主義和1960年代越戰造成的政治險阻，令任何美國政界的高層人士都不敢跑到

6　謝爾蓋・赫魯曉夫：《導彈與危機——兒子眼中的赫魯曉夫》（北京：中央編譯出版社，2000年），第412–417頁。

反帝堡壘的紅色中國來。[7] 假如我們不僅僅局限於中共高層官員的圈子，中國革命外交的生猛表現，還有一個非同凡響的實例：1969年3月，中蘇爆發珍寶島武裝衝突，你轟過來我炸過去，雙方死傷不輕。蘇聯最高層擔心這場邊界局部戰爭會失控，亟想與中國最高層對話，盡快了結衝突。蘇聯總理柯西金親自通過熱線電話，要求同毛澤東直接講話。中方的話務員一聽對方是「世界革命的大叛徒」柯西金，未經授權，就擅自把對方大罵一通：「修正主義分子！你是什麼東西，配和我們偉大領袖講話？」隨即把電話掛了。時任中國第三把手的周恩來為此極為惱火，親自向一把手和二把手毛澤東、林彪寫信反映。[8]

不過我們還應該清醒地認識到，中國革命外交傳統中高層官員的火爆表達，未必就是該官員的真實政策立場。有時恰好相反，火爆表達者私下裏可能持有非常理性客觀的見解，他在公開場合下的革命怒火式的表示，是為着在適當關頭背下裏提出穩健的政策建議而設立的保護罩。我們很多人都記得中國外交部長陳毅元帥當年那番震撼東西方的公開叫板：美帝國主義你有膽量就打過來，我等你這麼多年了，頭髮都等白了！可是這位多年裏被外界視為「極端好戰分子」的外交部長，1969年9月中旬卻私下裏給北京決策層建言：中美之間有必要舉行部長級或更高層的會談，以緩解中國的國際安全處境。[9]

7　Ross Terrill, *The New Chinese Empire* (New York: Basic Books, 2003), Chapter 10.

8　高文謙：《晚年周恩來》(紐約：明鏡出版社，2003 年)，第 402–403 頁。

9　Barbara Barnouin and Changgen Yu, *Chinese Foreign Policy during the Cultural Revolution* (London: Kegan Paul International, 1998), pp. 139–144.

名義上的對等和背後的不對等

除了以上兩大方面，第三個因素也很關鍵，若忽視了它，我們就難以同情地理解中國外交官的某些表達和表現方式為什麼是這樣或那樣，此一關鍵要素乃是「級別」。中華人民共和國的首任外交部長是總理周恩來本人兼任（1949–1958年），第二任部長陳毅是副總理兼任（1958–1972年）。他們是屬於中共中央政治局常委和委員級別的，也就是說，是黨政核心領導圈的成員。參與頂層決策、知曉頂層意圖、有正常機會向頂層反映外界動向，使得他們在公開場合下說話既有底氣也有分寸，知道如何周旋拿捏。而最近幾屆的中國外交部長，就是正部級，既不是國務委員（字面上相當於西方的內閣成員），也不是中共中央書記處成員，更不是政治局成員，距離當下的黨政頂層隔了好幾個長長的臺階。這就使得名義上代表中國的外交部長在公開場合下，表達和表現俱受到沉重的約束。絕大多數時候，他只好寧硬勿軟，寧苛勿鬆，寧狠勿柔，總之一句話，寧左勿右，此乃官場之常情，每個稍有社會閱歷的中國人都明白。即便我們目前尚無法從中方當事人那裏直接獲知其中的般般細節，也能夠從和他們打過交道的外國政要那邊，側面透視其中的一些奧妙，以下是近期的兩個實例。

其一是2001年4月1日發生的美國偵察機和中國軍機相撞事件。中國軍機墜毀、飛行員失蹤，受撞的美國機組二十四人連同飛機迫降在海南島，這對美中關係是突發的嚴重危機。尤其考慮到美國的政治生態現實，當務之急是要中國把他們的人釋放回去。美國國務卿鮑威爾（先前任美軍參謀長聯席會議主席）火燒眉毛地給中國外交部長打熱線電話，可是中國這邊沒人接話。多番周旋之後，焦頭爛額的美方才跟中方說上了話，危機

逐步緩解。[10] 事後不久鮑威爾赴新加坡出席亞太區域安全會議時，親切地握着中國外交部長的手說：下次遇上這種緊急重大事件，我給你打熱線電話，請你務必馬上接聽！中國外交部長笑笑點點頭。

當筆者看着電視上鮑威爾對記者複述這個細節時，很是感慨：你們美國高官實在是太不瞭解中國的決策過程了！發生這等突發大事件，中國的一個正部級官員怎麼可能立刻跟你對話？那要經過多少級別、多少系統、黨政軍情報公安維穩機構一路下來都統統搞定了，才能夠輪上外交部長去跟美國外交部門首長傳話。你以為中國的外交部長等於美國的外交部長（即國務卿）呀？稍微熟悉美國政治體制的讀者都知道，就外交事務而言，美國國務卿是直接向國家元首、三軍統帥總統本人負責的，二者之間沒有更多的層次隔開了。而在中國的體系裏，二者之間相隔了多少層次？

其二是2010年5月24日美國國務卿希拉里・克林頓率領代表團來北京參加第二屆「中美戰略和經濟對話（S&ED）」。希拉里以前雖然也來過北京，但那時是以第一夫人身份來的。這次她作為美國外交部門首長來華，率領的是一個二百多名官員的龐大代表團，其中有好幾位正部級和副部級的美國官員。[11] 會議結束希拉里回到美國後，對記者訴說這番談判是多麼重要多麼艱難，其中提到一個生動的細節：當她走進會議廳的時候，中美雙方代表團高官名字的牌子擺在兩邊的桌面上，她朝

10　Shirley A. Kan, Richard Best et al, "China–U.S. Aircraft Collision Incident of April 2001: Assessments and Policy Implications" (CRS Report for Congress, 10 October 2001), Order Code RL30946.

11　"US-China Top-level Summit Talks in Beijing to Address World Affairs," *MercoPress*, 24 May 2010.

中方那邊看，正對面卻看不到中國外交部部長的人名牌子，就問："Where is my counterpart?"（「我的對應官員在哪兒？」）在這個場合，中方正面座次的官員首先是中共中央政治局成員，然後是書記處書記，然後是國務委員，再然後是部長，等等。令希拉里不解、發出疑問的緣故，和上述鮑威爾的例子是一回事：她以為中國的外交部長就等於美國外交部門的首長。嚴格講起來，在當今的中國行政體系裏，沒有任何一位單個的官員，堪稱是美國國務卿的"counterpart"，你得要數一連串的中國官職才能夠跟美方對應。

理解「中國特色」的起步

以上兩個實例是筆者講述比較政治社會學和國際關係課程上極具啟迪價值的素材，有助於讓西方學生明白中國行政體系的異常複雜性。筆者費力解釋完以後，總是要用一個淺顯的比喻：你們西方的行政系統像三明治，我們中國的行政系統像千層餅。理解你們西方的國家治理架構，主要看紙上是怎麼寫的（憲法、法律、公文）；理解我們中國的國家治理機構，主要不看紙上是怎麼寫的。諸位欲想搞清楚什麼是「中國特色」，必須從這裏起步走。

末尾需要說明一下，本篇評論裏所列舉的實例，沒有寫明最近幾屆中國外交部長的名字，因為筆者並不是針對具體個人而發這些議論，實乃借這些案例來解析中國的政治文化和行政體系。本文開頭所說的「同情理解」，這個考慮也是包含在內的。

中國對美國孤立主義的愛和恨[12]

隨着特朗普越來越以美國「可能的下一屆總統」準官方身份就外交政策大聲開火發炮,不計其數的美國嚴肅媒體評論家、國際關係研究人員和資深的主流政界人士均擺出嚴重擔心的理由,因為特朗普這位從未當任過美國公職的特級炒作大師正在提出一連串「大翻盤」檔次的外交政策設想。假若這些設想中的任何一項成為不久之後真上了台的「特朗普行政當局」的外交作為,都會把小小的地球折騰至大大的不安。

稍微流覽一下特朗普的「反動倡議」

令特朗普實在忍無可忍的,是過去許多屆的美國兩黨總

---

12 原刊發於《金融時報FT中文網》2016年6月12日。本篇評論的所有政策之可能性推演,均是以特朗普的對外政策倡議和「中國夢」裏面的國際地位元素之間的互動為着眼點,寫作時並不是企圖對2016年11月8日舉行的美國總統大選結局作支持誰或反對誰的建議。然而本文發表後將近五個月,特朗普竟然當選了。「中國夢」裏面的國際地位元素之實現的概率是高或是低,與美國行政部門的對外政策走勢,是互為因果的既複雜又不確定的關係。這也是和倍加關注的美國和俄羅斯關係因特朗普競選期間的外交倡議而起大風波的故事一脈相承:

「特朗普在競選過程中曾經說過,『如果我們能和俄國處好,難道這不是好事嗎?』他曾暗示,可能考慮承認克里米亞是俄國的一部分;他曾批評北約,建議取消對俄國的制裁。那麼,一個美國總統候選人這麼親俄羅斯到底有多麼不尋常呢?曾任美國駐俄國大使、現在斯坦福大學國際研究所任高級研究員的的麥克福爾(Michael McFaul)說,『這是從未發生過的事——過去七十來年從未出現過的。特朗普個人說的那些關於俄國和普京的話,遠遠超出了民主黨、共和黨候選人、或者任何一個政黨政客的傳統界限』」(羅森柏格:「為什麼特朗普能打動俄國心?」,《BBC中文網》,記者來鴻發自莫斯科,2016年9月13日)。

可以這麼說,特朗普競選出乎絕大多數人的意料而勝出,給北京實現「中國夢」裏的國際元素,增添了很多新的變數。然而,寄希望於特朗普這樣的大攪局高手上臺以後,能夠巨幅修改美國的外交政策之基本面,依然是一件很懸乎的事情。

統都一脈相承的外交政策之基線——大把花費美國納稅人的錢，為別的國家和遙遠區域的安全當國際警察，而這些國家的政府和區域集體安全組織卻把美國當冤大頭，搭便車一路順風。對這樣吃力不討好的長期外交格局必須連鍋端起，翻轉重來。特朗普連串的競選演講高舉着"America First"（美國國內優先）的誘人大旗，一一羅列他要翻轉重來外交政策的國別和地名，諸如：歐洲國家在國防上能省就省，省下來的錢用在社會福利上，所以美國要大大縮減對歐洲的軍力支持和財力投入，讓歐洲人掏腰包去維護自己的安全，把他們的北約軍隊提升成真能自衛打仗的勁旅。

更加火爆的特朗普外交政策倡議是：但凡有亞洲國家跟周邊國家發生糾紛的，別指望美國老是呆在亞洲為它們提供安全保護傘。駐在韓國和日本的美軍應該撤走，免得朝鮮天天直接威脅美國大兵的生命。韓國和日本這兩個發達國家害怕朝鮮的導彈原子彈，最佳的應對方法是它們自己變成核武器擁有國，以核對核，遏制朝鮮的威脅。總之一句話，特朗普主張美國從世界各地撤軍，除非有關國家同意為美軍駐在該國的基地負擔更多的費用。[13]

筆者把特朗普的這些言論稱為「反動倡議」，並不是以中國的官方意識形態標準、而是以美國政治傳統的標準來劃分的。凡是讀過美國歷史和國際關係教科書的人都知道，特朗普眼下所大聲倡議的，正是要回到十九世紀美國對外事務的基本立場，那就是孤立主義（American Isolationism），拒不介入歐洲大國之間的武裝衝突，守好自己的美洲家園過安穩日子——美

---

13 參閱「如果特朗普當選總統或影響東亞核武格局」，《美國之音》，2016 年 5 月 10 日綜合報導。

國本土拜上帝之福，遠離麻煩之地，幹嗎為他人操心操刀！[14]
美國變得越來越介入遙遠區域的武裝衝突，先是起因於第一次
世界大戰；美國最後當上了國際警察，則是第二次世界大戰造
成的。進入二十一世紀十多年以後，特朗普還強烈呼籲要回
到十九世紀狀態的美國孤立主義，那不是反時代潮流而動即
「反動」又是什麼？

美國孤立主義：幾家憂愁 VS.幾家慶幸

對於特朗普高調的孤立主義倡議，最憂愁的當然是過去幾
十年裏受美國軍事力量保護的國家和地區，歐洲人的憂心忡忡
本文暫不贅言，讀者可閱讀 German Marshall Fund 的週報和月
報（*GMF's World Wire*）。在亞洲，最憂愁的莫過於日本、韓國及
東南亞多國的政府。曾任日本防務大臣的議員小野寺和多位日
本政要針對特朗普的倡議，立刻發話：中國在南中國海日益增
強的軍事影響以及朝鮮的彈道導彈和核子試驗，都影響東亞軍
事力量的格局和地區穩定。如果東亞不穩定，從而導致經濟動
盪，美國和全球也會受到影響，因此美國的亞太再平衡對維持
亞太穩定是非常重要的。[15]

美國政界主流的男士女士，不論其黨派如何，廣泛表達了
憂慮。希拉里對特朗普倡議的抨擊，照樣可以從共和黨圈子裏
聽到，她對選民們說：我們不能讓特朗普拿美國來冒險；他若
當選總統可能激起國際核武衝突。「如果你只是搞砸一個高爾
夫課程的話，不會有人因此喪生，然而國際事務問題上不是這

---

14 K.J. Holsti, *International Politics: A Framework for Analysis* (Englewood Cliffs, NJ: Prentice Hall, 7th Edition, 1995), Chapter 4.
15 「日本議員對特朗普的美日同盟言論表示擔憂」，《美國之音》，2016 年 5 月 3 日。

樣的。比起豪華酒店裏的事務，外交事務的風險高得多、也複雜得多」。她抨擊得挺到位——特朗普只有經營酒店和高階課程的手段，美國的國際維穩作用跟這些商業操作完全是兩碼事。[16] 幾天以後眾議院多數黨(共和黨)領袖麥卡錫闡述：美國的撤退直接或間接地導致了伊斯蘭國、俄國、中國在國際事務中的崛起。要達到美國國家安全的目的，不能靠孤立主義，而是要積極參與國際事務。[17]

特朗普的倡議對美國政治主流而言是「反動」的，對另一些國家而言則是「進步」的，因為他要廢棄美國的國際警察作用，讓美軍只呆在美洲家園附近。在歐洲，普京最有理由慶幸：假如美軍撤出北約涵蓋的地盤，俄國軍隊就是歐洲大陸的警察了。[18] 不久前特朗普和普京的巨型政治接吻漫畫風行美歐，反映出這二「普」有一緣。在亞洲，首表慶幸的是朝鮮：這個時時控訴受周邊美國駐軍威脅的國家，一旦去掉美軍的壓力，必定能從韓國和日本那裏索取更多的讓步。平壤官媒《今日朝鮮》(Korea Today)不失時機地高調表揚：特朗普是一位「有遠見的總統候選人」，他有關美國軍隊的政策可以讓朝鮮的「美國佬回家去」的想法變成現實。長期以來，朝鮮一直堅持美軍撤離朝鮮半島的立場。「美國佬回家去！」這句口號變成現實的日子，也就是南北朝鮮統一之日。特朗普有關自己當選後不會涉足朝鮮南北之間武裝衝突的聲明，是「朝鮮人民的未來之幸」。[19] 朝鮮官方媒體的這種罕見的讚揚語氣，幾乎

---

16 「特朗普、希拉里舌戰趨於白熱化」，《德國之聲》，2016 年 6 月 3 日。

17 「眾議院共和黨人對美國外交政策何去何從的看法」，《美國之音》，2016 年 6 月 10 日。

18 John Kerr, "Britain Risks Losing Its Voice", *Financial Times*, 9 June 2016, p. 9.

19 引自《BBC中文網》2016 年 6 月 1 日的譯文。

暗示要準備提名特朗普得諾貝爾和平獎！

　　特朗普的倡議對於中國而言，明顯是一件北京政治中心樂見其成的特大好事。這些年來，北京時時刻刻提防着美國的亞洲再平衡戰略的步步進展，處處力求設立反遏制的軍力部署。目前火爆之極的南海和東海島嶼及海域歸屬之爭，中國更是視美軍在此區域的明顯增強為頭號威懾。就在2016年6月初時值中美舉行第八輪戰略與經濟對話(S&ED)前夕、亞洲最大的安全峰會「香格里拉對話」即將在新加坡登場之際，中國官方發言人敦促：「美國實際上不是南海爭議的聲索方，它自己也說過，在領土主權爭議上不持立場。因此，我們希望美方能恪守承諾，不要選邊站隊，而是要按照事情本身的是非曲直，而不是按照是否是盟友來確定它的立場」。[20]

　　假如特朗普的倡議變成現實，那麼，在南海和東海的爭端問題上，北京就不太在乎周邊國家說什麼做什麼。更深遠的影響是，原本美國計劃在2020年前把美國海空軍力的百分之六十部署到亞太地區的宏大方案，就將被「特朗普行政當局」釜底抽薪，化作煙飛霧散——因為特朗普主張美國要從世界各地撤軍。若是這樣，中國軍隊就有切實把握頓時成為亞洲的雖然不是唯一、卻是頭號區域性國際警察。

　　正是因此，經常站在大中華立場為中國的國際地位和經貿利益聲張的北美《世界日報》以大白話點明：「特朗普質疑美國在軍事上對外國政府的支持，令中國民族主義分子竊喜不已；這些中國民族主義人士希望中國能成為亞洲龍頭，並挑戰美國稱霸世界其他地區的局面」。[21]

---

20 DW《德國之聲》北京報導，2016 年 6 月 2 日。

21 引自該報 2016 年 6 月 1 日華盛頓記者的綜合報導。

《水滸》好漢之夢的現代國際版

自從第二次世界大戰結束起，美國就成為大半個地球的國際警察，惹來許多的抗議和妒忌。不過那個時代還有一個紅色帝國蘇聯，也能稱得上是三分之一個地球的區域性警察。自從冷戰於1990年代初結束起，美國就儼然變成唯一的全球性國際警察，讓曾經做過區域警察的國家和爭取成為區域警察的國家惱火不已。想當警察乃是凡人之常情(因為警察又能管人又能抓人又有肥缺)，也是大國之常情——中小型國家基本上不會做這樣的夢。偉大的古典作品《水滸》裏面的梁山泊好漢有一句震撼雲霄的豪言壯語：「皇帝輪流做，今日到咱家！」道盡了此中的糾結情懷。憑什麼你美國老是管那麼多地方的人和事，我就不能管管？

假如特朗普能當上美國總統，假如他當上總統後能信守他競選諾言裏有關外交政策的一部分，假如他能把這一部分裏有關亞洲的那些做到一半，那也是非同小可的大變局了，「中國夢」裏的國際要素就能實現一長串了。對此，《華盛頓郵報》的一篇評論點破這將帶來的連鎖效應："President Trump Would Hand the World to China"——「特朗普總統將把這個世界拱手相讓給中國」。[22] 這不是「中國夢」裏的宏大遠景又是什麼?!

並非結論：可是，以上的宏觀展望是以幾個「假如」為前提的，距離現實還有不可全然預測的中間過渡環節。而且，本篇評論的題目是《中國對美國孤立主義的愛和恨》。我們這裏只討論了目前「愛」的方面，還沒有深入進「恨」的層面，那是更深的糾結。我們必須以續後的評論文章作追蹤的挖

---

22 By David Ignatius, *The Washington Post*, 31 May 2016.

丁學良｜政治與中國特色的幽默

掘——當今最愛美國孤立主義的中國，曾經有過最恨美國孤立主義的時候。所以，中國內地的有關方面和有關人士，對「特朗普現象」也不要慶幸得太早、太泛、太輕率。

特朗普亂點中國「穴位」[23]

在筆者於2016年6月12日為《金融時報FT中文網》所寫的評論「中國對美國孤立主義的愛和恨」裏，曾經假設萬一(注：第一個「萬一」)特朗普被選上美國總統以後，他在競選期間大聲宣示的那些外交政策創意，萬一(第二個「萬一」)大部分被他的行政當局真動手做起來，不論最終做得如何和得分高低，將會造成怎樣的地覆天翻的後果。而在這場攪動全球戰略態勢的大亂局中，北京擬定的「中國夢」裏面那些有關中國國際地位突飛猛進的美好設想，便會獲得意外成功的新機會。

已經為「中國夢」增添了機會

到了今天(2016年11月底)為止，上述的第一個「萬一」已經變成事實了，第二個「萬一」至少也有一項水落石出：特朗普宣佈他一走進白宮辦公室上班，第一件大事就是退出美國此前率先推動的《跨太平洋夥伴關係協定》TPP。被美國大力拉進這個國際貿易新框架的亞太國家，現在都被特朗普的這一宣示搞得心神不定，叫苦不迭，這從與中國政府有着特殊關係的新加坡政府高層的言論裏看得非常真切。該國總理李顯龍2016年8月訪問華盛頓時就已經憂心忡忡此事可能要搞砸，直率發

23 原刊發於《金融時報FT中文網》2016年12月1日。本篇評論寫於2016年11月27日，四天後刊發於《金融時報FT中文網》，又過了三天，發生了特朗普和蔡英文通電話之事。該事件的後續如何，乃是全球關注的特大政治劇。

出警告：參與TPP的每一個成員國均克服了本國一些政治反對和敏感輿論，付出了一些政治代價才能達成初步協定。「假若最後新娘沒有來到（婚禮）祭台，我相信大家都會感到非常受傷害。」絕大多數客觀的分析家都認為，中國將從特朗普的這一決定中獲益最多。[24]

中國成為亞太區域貿易規則編制和落實進程中的頭號大玩家的前景，眼下看起來是十之八九的幾率了。這可是「中國夢」裏的一大元素，世人不能小視！

那麼，特朗普很快還會在「萬一」的單子裏再挑出哪一項着手做起來呢？全世界都在睜大眼睛看，北京的眼睛睜得特別大。可是大家都知道特朗普很不靠譜，他競選期間即便私下裏擬定了一個「譜」，與他在公開場合下大聲嚷嚷的不一樣，他當上了總統以後也未必會照譜行事——他自己承認在他的領導下US foreign policy will be unpredictable，美國的外交政策將變得不可預測。就那些與中國直接有關、或至少很大程度上相關的問題上，我們也得要有第三個「萬一」的考慮——萬一特朗普動手做他本人競選期間既沒有說過的、此前好幾屆的美國總統都不願意做的那類事情，那又會怎樣？

筆者這麼說並非完全出自學術玄思的職業偏好，而是被幾分現實事態的苗頭刺激和提醒着，才試圖朝這一方向作些開放性設想。這類苗頭包括來自俄羅斯的報導：特朗普當選以後和該國總統普京通了一番電話，談得甚為熱切。這兩「普」以前就惺惺相惜，互相說過對方的大好話。據報導，兩「普」友好通話之後，馬上就有新狀況浮現在中國和俄羅斯的一筆大軍火

---

24 摘自BBC中國總編輯凱瑞：「分析：美國退出TPP對中國是絕好消息」，《BBC中文網》2016年11月22日。

交易的進程中。俄方本來答應要在2016年年底交給中方的第一批四架蘇–35戰機，變得又不確定了。俄方表示，暫緩簽署對中國出售整批蘇–35戰鬥機的協議，目前俄羅斯只是在原則上同意向中國提供先進武器。對是否一定出售這檔高性能的成批戰機——它們會在中國與美國日本等國的較量中發揮關鍵作用——俄羅斯似有反悔。[25]

也許這只是俄方漫天要價的一招，以前也有過類似的做法。

新手「點穴」拼得是膽大而不是心細

稍許接近操作階段的，是特朗普什麼時候和以什麼方式會見藏傳佛教領袖達賴喇嘛？這位高齡大和尚已經把希望盡早見面的話說得很熱切很正式，如果特朗普不久會見他，並且明顯地突破奧巴馬任期內四次會見達賴喇嘛的規格，中國政府的反應會怎麼樣？這完全有可能變成特朗普點擊中國的一個敏感「穴位」。[26]

令中國官方稍感欣慰的是，特朗普本人及其高級助手們對穆斯林團體很不友好，目前還看不出他會跟流亡在美國的「世界維吾爾代表大會」主席、原籍新疆的熱比婭圈子將有正式的交往，否則這就變成針對中國的另一個新「穴位」。

特朗普對美中關係所知甚少，美國政界、外交界、學術界都為此擔心不已。中國人常說「藝高膽大」，其實更常有的倒是「藝高膽不大」，因為你若是太明白水的深淺，就會如履薄

---

25 據RFA特約記者劉新宇：《俄美關係有望轉暖，售華蘇–35恐要變卦？》，2016年11月21日、12月5日；以及《美國之音》駐俄記者白樺的相關報導，2016年11月23日。

26 Terrence Edwards, "Dalai Lama Says Will Visit Trump in Move Bound to Anger China", *Reuters*, 23 November 2016.

冰、如臨深淵。特朗普在處理外交事務上藝不高膽子特大，自信度比誰都高。倘若共和黨內的強硬派人士把以前多年裏曾向美國政府提倡過、但都沒有被採納的對華政策建議，重新加料塗色包裝一番提供給他，說這些才是對付中國的費力費財不多、卻具有四兩撥千斤效果的靈巧方法，也就是華文評論界常說的「點穴戰法」秒招，他會不動心去試試嗎？

首要的兩個「穴位」

特朗普要真動手點中國的「穴位」，會把指頭點到何處？根據筆者過去多年裏的閱讀研習，能夠立馬想到的頭兩個穴位，都屬於臺灣問題。這些年來，一直有數量不少的美國智庫、退職的文武官員、大學教授建議，美國政府應該對臺灣提出的武器裝備更新需要作出更積極的回應，大力提升臺灣防務的硬體，加強美軍和臺灣軍隊之間的軟體協作，比如3C(communication, coordination, command)。這樣反倒會降低臺灣海峽發生大規模武裝衝突的危險，因為越是兩岸之間的軍力對比不利於臺灣一方，越是會誘發中國大陸動武迫統，那反而會把美國拖進熱戰之火中。此一點穴建議對特朗普這個商人出身的總統來說，還有一個添加的說服力：增加美國的出口收入，有利於他在全美國大搞基建的宏圖。

與此密切相關的第二個穴位，是美國共和黨內強硬派外加其他政治團體的另一組建議，就是在政治和象徵意義層面提升美國政府和臺灣官方交往的級別。他們論證的理由是：美國不必事事過於在乎中國官方的外交言辭大炮，毛澤東當年就曾對美國總統尼克松及其顧問基辛格說過，中國激烈的公開反美言論和宣傳不必當真，「我們是放空炮」，毛的這個實事求是的

表白至今仍然符合美中交往的現狀。美國在過去許多年裏對臺灣太貶低了，讓臺灣政府高層受屈辱待遇，綠營藍營都感歎不公道。現在完全可以而且應該允許美國更高級別(先讓正部級的)現任官員訪問臺灣；允許臺灣最高領導人訪問別國的途中，路經美國首都；允許臺灣政府官員進入美國國務院等內閣部門處理公務；邀請臺灣高級官員出席美國政府的相關重要會議或大型儀式；直至提升美國官方駐臺灣機構的級別。這樣也在世人眼裏，表彰了臺灣民主化進步的成就，讓臺灣朝野上下更有自信心，抵抗中國大陸的種種打壓。蔡英文團隊每天都在這麼期待着：請看臺灣政府於2016年11月重開的外交「被打壓」網站。

若「亂點」幾次到位，就成了新正統

筆者在本文標題裏使用「亂點」的說法，並非全出於貶義，刻意挖苦特朗普，而是考慮到這位年紀已經七十卻心態一點也不老的新科政客的一貫行事風格。他完全憑着一路「亂來」，才成功衝上美國總統的寶座。這種「老子偏偏不信正」即不相信正統思路和正規做法而取勝的造反豪情，一時還會在他及家人(他最親密的助手)的身上洶湧澎湃一陣子，有革命成功的餘熱。

特朗普在針對中國的幾個問題上「亂點穴位」，也許在他心裏恰恰是高手出招、偏鋒擊敵，能夠獲取出其不意的博弈效果。因為二十多年來，美國國內一直有利益集團加上民間群體，抱怨美國政府在對華交往中一廂情願、吃虧太多，又老不幡然改正。[27]

---

27 James Mann, "America's Dangerous 'China Fantasy'", *The New York Times,* 27

特朗普在這些問題上的大聲嚷嚷，為他的成功當選得分頗多。為着在他最在意的實質問題上——如雙邊貿易持續不利於美國——壓中國多作出讓步，他的「亂點穴位」是亂中有道。若幾次點到位，也就成為新正統。

筆者坦承，特朗普點中國的什麼穴位是說不準的，他多半會亂點幾次則是比較靠譜的一件事。還有幾個可能的敏感穴位，刺激中國官方特別有效，容以後再討論。

最羨慕特朗普的中國名人[28]

本篇評論是為着留下一個寶貴的記錄——特朗普競選的非凡大戲。他出馬非凡，挫折非凡，進展非凡，也贏得非凡。自從他正式參加本屆美國總統大選以來，筆者越是聽他看他的言辭表現，越是難以抵抗一個衝動——把他和薄熙來作對比。到了美國宣佈本次選舉結果的時刻，筆者禁不住拍案一呼：此時此刻，全中國最羨慕特朗普的，非薄熙來莫屬！

筆者作此觀察並非僅出於好奇，主要是為着在香港的教學需要。近期每一學年，筆者都在教一門比較政治社會學課程 Modern Dictatorship: West and East，拿二十世紀以降西方東方重大危機時刻湧現的非典型領導人(其中多半是大獨裁者)進行比較。課程每年需增添及更新素材，特朗普和薄熙來的政治生涯是夠格加進來的鮮活實例，不用白不用。

October 2016.

28　原作於 2016 年 11 月 10 日，刊於香港《信報財經月刊》12 月總第 477 期。

易於對比的三大亮點

　　這兩位政客確實有諸多堪作對比的特點。從最易抓住眼球的一點看，他倆都是帥哥。薄熙來直到最後公開亮相的那幾天，也就是被押上法庭接受審判的關頭，仍然保留有幾分帥哥的氣勢。特朗普年到七十，也還面容生氣勃勃。他倆若是同時亮相電視現場節目，一定會被觀眾們評價為「東西男神，哼哈二將」。

　　接下來相似的一點，是兩位政客都是情場的高端獵手。在他倆各自生活的圈子裏，兩人常是成功獵獲美女的高手，或者更可能的是，美女們被迫成為他倆的打獵犧牲品。被薄書記的權勢和外貌壓倒的女性，不計其數，甚至有傳言薄為了擺平女色政事糾紛，曾讓一位電視女主持人先上了床後遭了殃，人間蒸發不知去向(網上仍然可以搜索到相關的人名)。特朗普早就以在多國搞選美活動而著稱，最近又以在主持電視節目的多年裏對年輕女郎潑髒話、八爪魚、鹹豬手而色名暴漲。然而你得承認，不管他倆以前幹過幾多荒唐事、害過幾多妙齡女，他倆的最後正房妻室都是儀表不凡且頭腦機靈的精算角色。這不知令多少中年男人豔羨不已！

　　馬上應該提到的另一點，是他倆的子女都很搶眼。特朗普子女的亮麗鏡頭，近來幾乎每天都在互聯網上流轉。她(他)們本身做事業不算差勁，同時也成為父親競選的得力幹將，連競選對手希拉里都給予正面評價。薄熙來的幼子過去極盡招搖，差點成為父母貪污受賄罪的同案者，幸虧最後被中共辦案的最高層放了一馬。撇開巨額學費生活費的來路可疑不談，此子至少是個會折騰敢造勢、也能痛定思痛埋頭掙個好學位的青年。出生在這樣又紅又黑的家庭裏能夠達到這等水平，也算是相

當上乘的了；和他背景類似、比他窩囊太不成器的實在太多。

更有份量的三大相似處

但是，如果他倆僅僅是在這些層面上有諸多相似點，那還不足以令筆者為本文擬定如上的標題。因為從更深的層次看，他倆共享有幾大特點，使得薄熙來最像是中國政壇上的特朗普，特朗普最像是美國政壇上的薄熙來，據此可以引出具有政治社會學意義的幾點認知。

更深層次的第一點是：他倆都是本國政治圈裏最懂得當代新媒體和政治間雙向能量輸送之奧妙的超級玩家。特朗普是專業媒體人，手段自然老辣到家，即便是跟非常熟悉美國傳媒界的中老年政治對手們拼搏，他也還是明顯高出一頭。自從總統大選以來，美國媒體一直把最多的鏡頭和篇幅給了特朗普，儘管傳媒界大多數人討厭他，可他一出場，收視率和閱讀量就暴增。和特朗普同陣營的一位活躍分子説：「有爭議才有討論，社會就是這樣運作的。這樣做會激起矛盾，但只有這樣才能達到宣傳效果。別人可能覺得這樣太魯莽，不合適，但我們覺得沒問題」。[29]

薄熙來文革結束後上的大學，最終讀的是中國社會科學院新聞學研究生課程，也算得上是半個專業傳媒人。在他的那些「千人一面、萬口一詞」的中共黨政官僚同志裏面，薄熙來操縱媒體的手段，顯得異常突出。諸君不妨上網搜索一番，直到薄倒霉之前，每年三月北京「兩會」期間，他都是中國官媒和海外採訪者的首要目標，和特朗普在大選期間獲得的青睞差不

---

29 摘自BBC記者Jasmine Taylor-Coleman 2016 年 10 月 15 日在線報導。

　　　　　　　　　丁學良｜政治與中國特色的幽默

多，惹得眾多中共官員妒忌不已。薄倒臺後，中國大陸媒體無數從業者感歎：今後「兩會」期間的花絮就難捕捉到了！薄書記在重慶任職的幾年裏，通過「打黑」搶來的預算外大筆資金，部分就是暗中塞給那些以學術名義賣力為「重慶模式」作鼓吹的教授和寫手們，其中有的和香港還有些瓜葛。[30]

越朝深處看，越有啟迪價值

更深層次的第二點是：不論二者各自的內心真實想法如何，他倆都是對本國當下民眾情緒極敏感、善於利用民粹主義的大操手。特朗普雖然富貴揮霍，卻瞭解美國那些白人族裔、沒上過大學、男性為主的階層和社區對當今美國經濟、恐怖主義、移民、福利健保、犯罪、族群關係、宗教等問題的累積怨恨，所以能擊敗共和黨內的所有競爭者而出線，最終闖入白宮。薄熙來雖然是紅二代出身，本人及家庭的生活方式既特權又腐敗，違法亂紀是家常便飯，卻深知中國內地老百姓對貧富不均、房價物價高企、城鄉戶口分隔、孩子上學難、沿海和偏遠地區資源差別等等的不滿和無奈。所以他推出一系列「親民、惠民、保民」的政策口號，雖然主要是喊得好聽，做的實事不多(據筆者在當地的訪談，薄推動做的主要是減少城鄉差別、農民拿土地換城市居住權)，還欠下了巨額銀行貸款，留下一屁股爛債，卻博得了海內外多人的叫好，稱他是中共優良傳統的繼承人。越是不瞭解內情的，越是稱頌他，當然也有的是暗中拿了特別經費而為他敲鼓的。

更深層次的第三點是——此乃最重量級的：雖然二者並非

---

30 陳景祥：「狗論，毛派」，香港《信報》，2012 年 1 月 26 日；John Garnaut, "Show Them Money, Old China", *South China Morning Post*, 26 March 2011.

出自社會底層，而是多種意義上的本國既得利益者，他倆卻都是非常惱火本國政治現狀的囂張挑戰者，猛力衝撞迄今成規成矩的博弈套路，拒絕「被組織上安排」做什麼和不做什麼。特朗普開始出馬參選時，沒有多少人把他當回事。此後他一再給共和黨惹麻煩，衝擊了幾乎所有的黨內規範，得罪了幾乎九成的黨內主流，可是他卻滿不在乎，照樣罵罵咧咧上前線，吹吹打打搞競選。直到把黨內幾個最有希望上位的競爭者統統踢下臺，成為共和黨唯一候選人，臨門一腳進球當上總統。

薄熙來顯然不能跟特朗普一模一樣，因為他立足於其中的中國共產黨不是像美國共和黨那樣見血就暈的草食者(上海話是「血暈男」)，可以被輕率攪局搞亂。但我們回顧一下薄從1990年代中期一路往上走的出招應招，在中共裏面也算是鶴立雞群了。他臨倒臺前夕還膽敢跑去雲南，視察他父親曾經當過政委的一支集團軍，借此向中共頂層交接班的大佬們示威，這在1976年10月之後的中國政壇，實在是破天荒之舉！[31] 雖然表面上看薄熙來對本國政治規矩的衝撞，遠不及特朗普對本國政壇的挑戰來得那麼戲劇性十足，薄造成的深層危機，卻勝過了特朗普，直至目前，北京還在收拾其後果。

攪局相似，結局迴異

以上的三大點三小點，令我們可以説，中國政壇上和特朗普最相似的，是薄熙來；美國政壇上和薄熙來最相似的，是特朗普。這二人各自在本國所幹的勾當——這是《水滸傳》裏的説法——，均對應於對方跑到本國來一定也會幹的勾當。他倆

---

31 Jeremy Page and Lingling Wei, "Bo's Ties to Army Alarmed Beijing", *Wall Street Journal*, 16 May 2012.

丁學良｜政治與中國特色的幽默

像是同一顆政治種子在兩塊土地裏長出的兩株辣椒，區別只在於一紅一綠而已。

然而，這兩塊土地卻大大不同：一為公開的政治競爭，一為不公開的政治拼殺。規則不同，下場也就天差地別。所以筆者說薄熙來是中國名人裏最羨慕特朗普的：後者大攪局大折騰，得罪了幾乎本國各界大佬，卻摘下了果實。儘管本次美國大選有許多醜惡之點，基本上還是照憲法而行。若是特朗普上臺後一意孤行，美國的制衡力量也不會被統統廢功。而薄夫婦卻要終身作囚，兒子也不敢回來探望。薄熙來若是讀了筆者發表在香港《信報財經月刊》2016年11月總第476期上建議中共試一試「貴族民主制」的文章，一定會大聲贊同：中國若是走向有明確公開競爭規則的「貴族民主」模式，會遠好於啥都可以幹的「貴族權謀」模式。

薄夫人谷開來出道當律師不久辦過一件商業案後，曾以一本辦案書唱紅中國大陸，名利雙收：「我對中國社會主義特色的法制有信心！」讀了筆者上述的那篇評論和本文，結合她夫婦及家人的近期境況，她或許要動筆更改三、四個字：「我對美國資本主義特色的法制更有信心！」最受外界批評的目前這場美國總統大選，也好過暗中拼殺的叢林搏鬥(Jungle Law)。

結　語

政治公正的國際面和國內面

中國內地和海外觀察家頗為在意中國的官方媒體在回顧中共十八大上、新一屆最高領導層上任後的周邊外交新政時特別提到：「2013年中國的周邊新政……道義的色彩較前更加明顯。道義一直是中國外交比較重視的一個維度，如平等、互利一直是中國外交的根本原則。但是，當前有一些以前沒有過的新提法，如提出堅持正確的義利觀，強調更多地照顧一些國家，多向發展中國家提供力所能及的幫助。兩個『多』字，體現出中國願意以更加克己、施惠的態度與周邊國家相處，體現出一個仁義大國的風範。」[1]

凡是讀過孔子孟子墨子等先哲的基本教誨的人都明白，「仁義大國」這個名稱可不是隨便說說的。[2] 作為一個再崛起的大國，中國外交的「周邊新政」確實需要強化「仁」和「義」的雙重道德要素，這是在軟實力領域裏中國各界需要做好內功的關鍵之一。筆者特別提醒中國內地讀者的是，在跨越國境的多重互動日益密集和迅速的當代國際社會，一個國家的軟實力或曰「仁義國格」要借助多種多樣的渠道才能夠萌芽成長，而「周邊新政」和「國內新政」是密不可分的。在這一篇

1　李開盛：「2013年中國外交亮點是周邊新政」，上海：《東方早報》，2014年1月14日，第1頁。

2　黃玉順：「制度文明是社會穩定的保障——孔子的『諸夏無君』論」，合肥：《學術界》，2014年9月號，第44–50頁。

結論性質的評論裏，我們要集中探討未來二、三十年內也就是北京一再高調宣傳的「以2049年為標記的一百年」之前，中國在海外推展軟實力成長的陽光大道，其實多半要從國內政治開步走。首先讓我們來作一個跨世紀的簡要回顧，看看問題的樞紐關節在哪裏。

國際舞臺上的北京之聲

自從二十世紀末葉以來，每年由北京向全世界發出的最強烈的聲音中，很多是關於現今國際秩序或國際關係準則的。在國際國內的一切重要場合，中國黨政的高層領導人和官方主要發言人，都會抱怨現有的國際規則不合理，呼籲建立更加公正的國際秩序。在百年一遇的「中國國家主席新世紀第一年元旦賀詞」裏，時任中國黨政最高領導的江澤民重重着墨，誓言要為建立「公正合理的國際政治經濟新秩序而努力奮鬥」。[3]

那麼，什麼才是中國最近幾屆最高領導層嚮往的那種「公正合理」的國際新秩序之標準呢？他們在不同場合下的多番解釋，極富有意味，很值得我們細心地研讀。

新世紀第一年度的9月6日，江澤民在紐約舉行的聯合國千禧年首腦會議上致辭道：「世界是豐富多彩的。如同宇宙間不能只有一種色彩一樣，世界上也不能只有一種文明、一種社會制度、一種發展模式、一種價值觀念。……應充分尊重不同民族、不同宗教和不同文明的多樣性。世界發展的活力恰恰在於這種多樣性的共存。應本着平等、民主的精神，推動各種文明的相應交流，相互借鑒，以求共同進步。」[4] 江澤民1997年11

3　新華社 2000 年 12 月 31 日北京電訊：《江澤民發表新世紀新年賀詞(全文)》。

4　《江澤民在聯合國千禧年首腦會議上的講話》，《人民日報》，2000 年 9 月 7 日，第 1 版。

　　　　　　　丁學良｜政治與中國特色的幽默

月1日在哈佛大學發表演講時，更加凸顯這一點：「陽光包含七種色彩，世界也是異彩紛呈。」[5]

稍早時候的1999年7月9日，中國政府總理李鵬在會見日本首相小淵惠三時說：「多極化要比單極化好，比一國在世界上發號施令好。世界本身就是多樣化的，不能要求所有國家都按一個模式發展，不能按某一國的意志處理國際事務，而應由各國人民選擇自己的發展道路。」[6]

在他訪問美國的前夕，1997年10月25日上午江澤民在北京會見美國新聞機構負責人時說：「中美兩國……雙方都應該尊重彼此的價值觀念。……如果要求全世界每一個國家都遵循同一種政治模式，這本身就是一種不民主。」[7]

在俄羅斯聯邦國家杜馬（即國會）於1997年4月23日下午發表的演講中，江澤民強調：「極少數大國或大國集團壟斷世界事務、支配其他國家命運的時代，已一去不復返了……（各國）要相互尊重與平等互利，不要霸權主義與強權政治；要對話與合作，不要對抗與衝突……在國際交往中絕不允許把自己國家的社會制度和意識形態強加於別的國家。強加於人是行不通的。」[8]

《人民日報》2000年2月22日的國際評論高度讚賞拉丁美洲國家集團「拒絕簽署任何由少數發達國家達成的協議」，

5　詳見《人民日報》，1997年11月2日。

6　《李鵬會見小淵惠三》，《人民日報》，1999年7月10日，第1版。

7　《江澤民在訪美前夕會見美國駐京新聞機構負責人並宣佈中國決定簽署〈經濟、社會及文化權利國際公約〉》，北京：《新華月報》，1997年第12期，第123－124頁。

8　《江澤民主席在俄羅斯聯邦國家杜馬發表題為「為建立公正合理的國際新秩序而共同努力」的演講》，《新華月報》，1997年第6期，第98－100頁。

接着呼籲：「要由所有成員國參與修改那些已經過時、不公正、不合理的國際規則。」[9] 這種呼籲之最高級別的表述，體現於江澤民2001年7月17日在俄國國立莫斯科大學的演講裏，他提出了「國際關係民主化的目標」，強調這一目標「遠未實現」。[10]

以上的莊嚴陳述在胡錦濤接任中國黨政最高領導人期間，也是一以貫之。在「博鼇亞洲論壇2008年年會」開幕式上，他重申：中國「在國際關係中弘揚民主、和睦、協作、共贏精神，尊重人類文明多樣性，繼續促進國際關係民主化，……推動國際秩序朝着更加公正合理的方向發展。」[11]

在此前兩年訪問美國期間，胡錦濤於耶魯大學發表的演講措詞更為熱情洋溢：「一個音符無法表達出優美的旋律，一種顏色難以描繪出多彩的畫卷。……文明多樣性是人類社會的客觀現實，是當今世界的基本特徵，也是人類進步的重要動力。……我們應該積極維護世界多樣性，推動不同文明的對話和交融，相互借鑒而不是相互排斥，使人類更加和睦幸福，讓世界更加豐富多彩。」[12]

習近平接任中國最高領導人迄今的時間還不是很長，所以他的這些言論從數量上遠少於他的兩位前任。但是在「博鼇亞洲論壇2013年年會」的開幕式上，他同樣莊嚴重申：中國「堅持開放包容，為促進共同發展提供廣闊空間。海納百

---

9 《改革不合理的國際規則(國際論壇)》，《人民日報》，2000 年 2 月 22 日，第 6 版。

10 據新華社 2001 年 7 月 18 日莫斯科電訊：「共創中俄關係的美好未來」。

11 「中華人民共和國主席胡錦濤演講」，《人民日報》，2008 年 4 月 13 日，第 1 版。

12 「在美國耶魯大學的演講」，《人民日報》，2006 年 4 月 22 日，第 1 版。

川，有容乃大。我們應該⋯⋯把世界多樣性和各種差異性轉化為發展活力和動力。」[13]

　　習近平2014年3月27日在位於巴黎的「聯合國教科文組織」總部發表的公開演講，其情感之濃烈、色彩之斑斕，幾乎超過了他之前的歷屆中國國家元首在類似的國際場合上的正式發言：「第一，文明是多彩的，人類文明因多樣才有交流互鑒的價值。人類在漫長的歷史長河中，創造和發展了多姿多彩的文明。不論是中華文明，還是世界上存在的其他文明，都是人類文明創造的成果。文明交流互鑒不應該以獨尊某一種文明或者貶損某一種文明為前提。推動文明交流互鑒，可以豐富人類文明的色彩，讓各國人民享受更富內涵的精神生活、開創更有選擇的未來。第二，文明是平等的，人類文明因平等才有交流互鑒的前提。各種人類文明都各有千秋，沒有高低、優劣之分。要瞭解各種文明的真諦，必須秉持平等、謙虛的態度。傲慢和偏見是文明交流互鑒的最大障礙。第三，文明是包容的，人類文明因包容才有交流互鑒的動力。一切文明成果都值得尊重，一切文明成果都值得珍惜。只有交流互鑒，一種文明才能充滿生命力。只要秉持包容精神，就不存在什麼『文明衝突』，就可以實現文明和諧。⋯⋯當今世界，人類生活在不同文化、種族、膚色、宗教和不同社會制度所組成的世界裏，各國人民形成了你中有我、我中有你的命運共同體。世界上有200多個國家和地區，2500多個民族以及多種宗教。如果只有一種生活方式，只有一種語言，只有一種音樂，只有一種服飾，那是不可想像的。對待不同文明，我們需要比天空更寬

---

13 習近平：「共同創造亞洲和世界的美好未來」，《新華網》，海南博鰲電訊，
　　2013 年 4 月 7 日。

闊的胸懷。我們應該推動不同文明相互尊重、和諧共處,讓文明交流互鑒成為增進各國人民友誼的橋樑、推動人類社會進步的動力、維護世界和平的紐帶。我們應該從不同文明中尋求智慧、汲取營養,為人們提供精神支撐和心靈慰藉,攜手解決人類共同面臨的各種挑戰。」[14] 在同一時段,習近平在法國多次提到中法兩國互相交融的「中法夢」。[15] 在這個關鍵概念的闡釋上,習近平延伸了2013年6月上旬他在美國當面對東道主奧巴馬的表示:中國夢與包括美國夢在內的世界各國人民的美好夢想相通。[16]

北京倡導的國際事務之「四項基本原則」

以上性質的中國官方陳述在長達三個班子的最高領導層前後相繼的二十餘年裏,反復地和高頻率地出現,而且都是在中國涉外活動最主要的場合發表。歸納起來,從二十世紀後期以來,中國黨政最高領導層嚮往的「公正合理的國際秩序」基於四個原則(或價值/道德要素):

第一個原則是多樣化——這個世界上要有多種多樣的價值觀念和發展模式,這既是人類生活的常態,因為各種人群、各個地方是不一樣的;[17] 也是人類未來希望之所在,因為多種價

---

14 楊麗明、林衛光:「國家主席習近平在巴黎聯合國教科文組織總部發表重要演講」,《新華社》,2014 年 3 月 27 日電訊。

15 丁學良:「這樣的文明觀是最好的教材和解毒劑」,廣州:《南方週末》,2014 年 4 月 3 日,第 4 版。

16 「習近平:中國夢與美國夢相通」,《新華網》,2013 年 6 月 8 日。

17 江澤民是最早對此作出平實表達的中國黨政首席領導人:「世界上有近 200 個國家,約 2500 個民族,每個國家都希望保持自身特點並在穩定中得到發展。」參閱「江澤民會見蒙古國家大呼拉爾主席」,《人民日報》,1999 年 7 月 17 日,第 1 版。

值觀念和多種發展模式的相互競爭能夠產生更多的活力。

第二個原則是寬容——不應該排斥與自己一方立場不同的意識形態和政治制度，更不允許以「不文明的方式」（主要指武力和武力威脅）來解決政治價值觀上的差異，每一方都應該以平等的和開放的心態來與對方進行對話。

第三個原則是自主選擇——力量強大的一方不應該把自己的意志強加給力量弱小的一方，應該尊重他人自由地作出的選擇，弱勢的一方有權拒絕強勢的一方發號施令。

第四個原則是平等參與——不論大小、富貧、強弱，所有的國家都是國際社會平等的成員，都有權參與對國際規則的制定和修改，強國不應該壟斷處理國際事務的權力。如果有個別的大國、強國不願意與別國分享決策權，被剝奪了權力的其他國家應該改變這種不合理的制度，努力推動國際政治的民主化。

相對「弱者」之正義呼籲的國際版本

在中國幾屆最高領導層的上述聲明裏，充滿了受壓迫者對壓迫勢力累積經年的忿忿不平，洋溢着受排斥者對平等參與權利的不可抑制的強烈訴求，特別是1990年代中後期的那些言論，讀起來頗有當年反種族主義壓迫的經典之作《黑奴籲天錄》[18] 的意味。我們不要忘記，1990年代中後期距離1989年6月的那場鎮壓流血事件不遠，國際社會對中國黨政體系的態度是以譴責和批判為主。

若是不計較1989年6月的那場鎮壓流血事件，站在完全中

18　中國早期(1907年)話劇的名劇本，是曾孝谷根據美國女作家 Harriet Beecher Stowe 的政治影響力巨大的小說《湯姆叔叔的小屋》(1852年)改編的。

立的立場上看，中國最高領導層的上述聲明裏有很多說法都是言之成理的，道德要素很強勁，不僅在相當大的程度上能夠代表世界上許多小國、窮國、弱國的情感和意願，而且在一些重要的規範（normative）意識上呼應於（雖然不等同於）西方社會中高揚普世主義（universalistic）公正觀念的公共人物和知識分子的言論。比如，我們在江澤民當政的同時期任聯合國人權事務高級專員瑪麗·羅賓遜有關當代西方國家「應該為它們殖民主義奴役異族的過去負責任」的言論裏；[19] 在新左翼最著名的經濟學家斯蒂格利茨有關國際經濟機構民主化和弱勢群體利益亟需保障的言論裏；[20] 在一些歐洲政治家和公眾輿論對美國政府在小布殊任期內在國際事務中的我行我素（即「單邊主義」）行為方式的批評裏；[21] 在揭露美國軍事－產業利益集團操縱美國國內政治和外交政策的批判主義代表作品裏；[22] 在英國的偏左翼《獨立報》和美國的《基督教科學箴言報》對中東事務和亞洲局勢的觀察分析裏；[23] 更不用說在美國激進的反戰人士和團

---

19 Barbara Crossette, "Global Look at Racism Hits Many Sore Points", *New York Times*, 4 March 2001；*BBC Online Network*,「西方應該為殖民奴役做出賠償」，25 March 2001；*BBC Online Network*,「販賣奴隸問題在國際間惹爭議」，23 May 2001。

20 詳見 Resources on Joseph E. Stiglitz 欄裏所列出的他近年來最重要的政策建言和公共演講，網址：http://cepa.newschool.edu/het/profiles/stiglitz.htm；並參閱 David Moberg, "Silencing Joseph Stiglitz", *Salon.com*，2 May 2000。

21 「法國總理批評布殊的國際政策」，BBC Online Network, 6 April 2001；參閱瑞典的第一大報 *Aftonbladet* 於 2001 年 4 月 4 日所作的民意調查：www.aftonbladet.se。

22 Chalmers Johnson, "Blowback", *The Nation*, 15 October 2001. 該文是基於作者的著作：*Blowback: The Cost and Consequences of American Empire* (Metropolitan Books, Hery Holt & Company, 2000)。

23 *The Independent* 上發表的Robert Fisk的文章，在 2001 年「九一一恐怖襲擊」之後，在全世界反復流傳。同時期，*The Christian Science Monitor* 上挖掘恐怖

丁學良｜政治與中國特色的幽默

體的聲音裏，[24] 都不難找到對前引的中國最高層領導關於國際政治公正籲求的部分支持，雖然這種聲援不是有意協調達成的。

中國內地民眾裏受過高中教育以上的那一部分，往往對中國宣傳機構的官方說辭抱着調侃嘲諷的態度，這既生動地反映在流傳各地的層出不窮的精妙順口溜裏，也反映在中國大陸的那些網站帖子的黑色幽默議論裏。[25] 相形之下，中國最高層領導有關國際政治公正的言論，是為數不多的政治領域，可以從中看到廣大中國公民與中國政府的真誠共鳴(不同於「五毛」類的在線操作)，主要是基於二者分享的國家利益正當理念。凡是有機會親身參加中國教育界和專業階層的研討會，或者經常流覽中國網站討論的人，都能觀察到這一事實。對於那些置身於鮮活的近代史，即不斷重溫鴉片戰爭以降西洋和東洋列強如何欺凌耍弄中國國家利益的中國人而言，中國政府這些年來關於國際政治公正的抗議和籲求，顯得既合理又合情。

如果我們換一個角度來解讀中國最高層領導有關國際政治公正的言論，就會發現它們所遵循的邏輯、蘊涵的情理和使用的措辭，與中國內地的自由派知識分子、維權活動的組織者和發言人、普通市民背景的人權活動分子們的言論，有着驚人的相似——都是呼籲價值觀和政治方向要多樣化(或多元化)、要

主義根源的一系列文章，在美國的主要報刊中也是鳳毛麟角。

24 詳閱 *Z Magazine* 上設置的 Noam Chomsky 等知名激進人士的言論庫：http://www.zmag.org/ZNET.htm。

25 X.L. Ding, "Freedom and Political Humour: Their Social Meaning in Contemporary China", pp. 231–254 in *Humour in Chinese Life and Culture: Resistance and Control in Modern Times*, edited by Jessica Milner Davis and Jocelyn Chey；參閱本文集第一篇。

寬容(即保障弱勢者發表與主流勢力不同的觀點的空間)、要自主選擇(即決定自己生活方式的自由)、要平等參與(即普遍參政)。所有這類訴求的最終指向,用中國幾屆最高層領導本人明白無疑的說法,就是要「推進民主化」。我們只要置換一下中國最高層領導上述言論裏的主語和賓語,亦即把國際政治的術語換成國內政治的,讀者還會以為那是「中國的自由主義知識分子」或「維權活動發起人和代言人」向中國政府及其領導人發出的呼籲書、請願信。

這種驚人的相似——這裏面確實有太多的深層次高級黑色幽默成份——,根本上是由於二者的許多合情合理的權益、意願和立場,均得不到強權勢力一方的寬容、理解和正面的回應。只不過中國執政黨及政府面對的「強權」勢力是西方大國、主要是美國這個被稱為「唯一長存的超級大國」,而中國國內的自由派知識分子和維權活動人士所面對的「強權」勢力是自己國家的官府。二者都對現存的政治秩序和運作規則感到太不公平、太霸道,都要求有參與決策的權力。面對強權的時候,力量相對弱小的一方的心情、訴求乃至措辭用語都會差不多,不論你是中國的執政黨和政府(面對外部世界),還是中國的自由派知識分子和維權活動分子(在本國境內)。

美國政府與中國政府在國內和國際上的行為方式及風格,為比較政治社會學的研究提供了一個角度獨特的絕妙案例。簡言之,美國政府在美國國內政治中雖然毛病也不少,卻比它在國際政治中遠為「公平正義」得多,這體現於它在國內的政治行為更尊重民眾的意願和反應,更考慮到社會弱勢階層和團體的權益,更對公眾透明和樂於交待資訊,更對自己施政的後果負責任,更寬容批評和異端的見解,更富有寬恕和原諒的

丁學良│政治與中國特色的幽默

精神。相比之下，美國政府在國際事務中卻明顯地更少「公平正義」，包括更少遵循國際法，不太在乎他國人民的意見和批評，少對自己行為的嚴重後果負法律的和道德的責任，少尊重本國人民(遑論世界公眾)的知情權，乃至有不少時候顯得以強凌弱。[26]

如果說美國政府的行為在美國國內政治中更傾向於「公平正義」的原則，而在國際政治中更傾向於霸權主義的話，[27] 中國政府的行為幾乎是美國模式的顛倒——中國政府在國際政治中呼喚更多的「公平正義」原則，而在國內政治中卻經常施行霸權主義。中國政府在國際事務中竭力推展多元化和寬容、多中心化(或曰多極化)、分權化、自由化(或曰無外力干涉下的自由選擇)、民主化。但這同一個中國政府在對待本國公民的政治運作中，卻在多數時候批判和壓制這些趨勢，堅持對權力的壟斷和對不同的價值觀念、不同的政治力量作強硬處置，動不動就亮刀亮劍。

從對權力關係之分析的和比較的視角來看，我們甚至可以說，美國政府在國際事務中的行為方式和作風，頗具有幾分「一黨獨大」體制在國內施政中的特徵；而美國政府在美國國

---

26 參閱 The Pew Research Center For The People & The Press, "The Pew Global Attitudes Project. A Multinational Survey," 12 December 2001, 和以後歷年的類似全球調查報告：Washington, DC: www.people-press.org。前引的《基督教科學箴言報》於 2001 年 9 月 11 日以後數周發表的一系列採訪和分析，也揭露出外部世界眼中美國政府在國內作為和國外作為的巨大反差。根據中國政法大學人權研究院副院長張偉博士多年教學過程中收集的回饋，中國法律專業的教師和學生對美國政府最多的批評，集中在國際法的一個大方面，即美國政府多次動用武力打擊別的國家的作為。

27 這裏的「霸權主義」超出新馬克思主義者葛蘭西的狹定義，是沿用十九世紀末以來的寬泛定義，亦即既包括強制的力量(coercive forces)，也包括觀念上和心理上的操縱和統治。

內施政過程中基本遵循的價值觀念和行為標準，恰恰正是中國黨政領導高層呼籲在當今國際關係中應該建立起來的那種公正合理的新規則、新秩序。

通過政治社會學的比較稜鏡作透視，美國政府和中國政府在國際政治和國內政治中的行為方式之相映成趣（即客觀存在的高級黑色幽默），實乃基於權力的普遍性質。美國政府在國內政治中相對地「弱」，是因為二百多年來，美國的政治生活已經建立起一整套對政府權力的制衡機制，儘管還有不少的漏洞。在美國的立國精神裏，有根深蒂固的公民對政府權力、社會對國家機關的不信任。美國的憲法、法律、政治程序、社會規範的方方面面，具有那麼錯綜複雜的、絲絲入扣的設計——它們的制訂和實施需要高度的政治及法律智慧和巨額的財經成本——其最終的動機，是美國的公民社會時刻防備着本國政府濫用權力傷害本國公民。[28] 雖然美國政府在本國的施政行為仍然有許多值得批評和改進的地方，但整體來說，它不敢在違背憲法和法律方面走得太遠，因為本國的公民社會及其政治代表握有追究政府官員的諸多機會和資源。簡言之，美國政府在國內相對「弱」，是因為美國公民社會相對「硬」，對它的制衡相對的有效。然而，恰恰是由於美國政府在國內的相對「弱」，反倒經常為美國在外部世界贏得軟實力方面的加分，比如當美國政府及其高層領導人被迫向民眾道歉和賠償的時候；又比如當猛爆美國政府情報收集內幕的斯諾登（Edward Snowden），他父親可以大搖大擺地去俄羅斯探望政治避難之

---

28 Scott Gordon, *Controlling the State: Constitutionalism From Ancient Athens to Today* (Cambridge, MA: Harvard University Press, 1999)；中文譯本：《控制國家——西方憲政的歷史》（南京：江蘇人民出版社，2001 年），第 8 章。

丁學良｜政治與中國特色的幽默

中的他，美國政府既無權阻止、更無權搞株連去迫害他們的家人。[29] 假如同樣的事件發生在朝鮮民主主義人民共和國，斯諾登全家的遭遇一定不會比張成澤的更好。[30] 但是，北朝鮮政府對待本國居民的超強超硬，卻難以為它增添在國際社會的任何軟實力的正面影響。

反觀在國際政治中的美國政府，以上那一整套針對它的制衡機制很少存在。自從1990年代初蘇聯解體和俄羅斯國力衰微以來，就不再有一個國家可以在軍事實力上全面抑制美國。然而這樣說並不是暗示，在國際事務中當年的另一個超級大國蘇聯是一個比美國更可信賴的「善行者」；當然不是。筆者在這裏只是想指出，由兩到三個實力相差不太遠的大國互相競爭的國際政治舞臺，會比由一個大國強力壟斷的局面，對大多數的國家和民族更好些。此中的道理，等同於一國之內多黨競爭、權力相互制衡，要比一黨專橫獨裁對普通民眾更好，或與市場經濟中多家公司競爭比一家大公司壟斷對普通消費者更有利。當今世界，儘管存在着很多的國際法和多個國際法庭，但沒有常規性的警察力量去執法，這些法律和法庭的判決多半時候只具有道德和公共輿論的意義。而在當今的國際政治中，美國政府就是主要的警察。這位警察對於任何對自己嚴重不利的國際法條款和國際法庭裁決，經常拒不服從。許多其他的國家——它們有如一個非民主社會裏的小老百姓——對這位手握重權和大刀的「警察大人」，除了抱怨幾句以外，也沒有什麼

---

29 Geoff Dyer, "Obama Defiant Despite Spy Curbs", *Financial Times*, 18–19 January 2014, pp. 1–2. 亞微：「『佔領華爾街』運動和美國憲法第一修正案」，*VOANews*，2011 年 12 月 2 日。

30 "The Execution of Comrade Jang", Opinion Page, *The Wall Street Journal*, 16 December 2013, p. 13.

有效的對抗辦法。而這類抱怨並不具有制度化的強迫力量，因為美國政府並不是由其他國家和它們的居民投票選舉出來的，它因此不怕被非美國公民和團體所不真心擁戴。其他的國家和它們的人民也不是美國政府賴以生存的納稅人，它的財源基本上獨立於非美國人對它的態度如何。

簡言之，美國政府在國際政治中相對的「硬」，是因為其他的國家和人民相對的「弱」，對它缺乏有效的經常性制衡。除非美國政府的國際行為直接地和明白無誤地傷害到美國公民的重要利益，否則，美國的普通民眾也不會以自己的選票來為別的國家裏受到美國對外政策傷害的人民作出有力的否決，儘管少量的特別富有批判意識和普世主義精神的美國公民會發出這類抗議之聲。[31]

因此，那個看起來頗令人困惑、又頗為滑稽的現象——為什麼那個在國內持續進步地實踐政治正義的美利堅，在國際舞臺上卻有時置普遍正義於不顧，甚至有時候其行為竟像一個獨裁者那樣專橫。這只能用制度主義的制衡理論去解釋：哪裏對權力的制衡越有效，哪裏的政府(包括它的文職官員和武裝部隊)就越趨於行「共善」(the common good)；反之，它就越趨於行「惡」。阿克頓勳爵的不朽名言——「權力導致腐敗，絕對的權力導致絕對的腐敗」，一直被理解為適用於國內政治，筆者認為它對國際政治也基本適用。

解釋了有關美國政府的國際國內兩種行為之反差的惑人現象，再比較中國政府的相應兩種行為之反差就容易理解了。中國政府與美國政府基本上是相反，對國內是相對的「硬」、

---

31 參閱資中筠：《老生常談》(桂林：廣西師範大學出版社，2014 年)，第 34–35 頁。

丁學良 | 政治與中國特色的幽默

對國外是相對的「弱」（至少直到2012–2013年左右是這樣）。這主要不是因為中國政治高層的道德水平有問題，而是因為中國國內的政治制衡力量很弱，可是以美國為首的國際政治軍事制衡力量卻很強。中國政府這二十餘年來在國際舞臺上竭力爭取它在國內政治舞臺上強硬拒斥的那些公平正義原則，是因為在當今全球政治的大趨勢下，中國政府在幾個敏感的大問題上有時成了國際社會裏的一個「靶子」，四面八方受批評。受壓的政治團體或個人，不論叫什麼名稱，都一無例外地呼喚公正和平等的參與權。我們只要讀一讀中國共產黨領導機構於1940年代前半期在《新華日報》、《解放日報》上發表的社論和專評，包括對國民黨專制的抨擊、對國民黨「中國人民教育水平太低不適合民主」論的駁斥、對民主確保政治清明和國家強盛的論證、對言論自由和思想獨立的崇高價值和社會效應的闡述、對經濟民主和社會公正的申張、對民主的中國才能夠享有國際社會普遍尊重的建言，等等等等。[32] 在所有這些要害問題上，當年受中國國民黨之壓的中國共產黨，早就說出了1950年代以來中國好幾波爭民主、爭人權、維權運動代表人物的基本觀點，有時候措詞都差不多。[33]

---

32 詳閱笑蜀編：《歷史的先聲——半個世紀前的莊嚴承諾》（廣東：汕頭大學出版社，1999 年 9 月第 1 版）；此書出版不久就被禁，隨後香港出了一個繁體字版。

33 所以，從這個角度看，當今國內外中國黨政系統的批評者們很多是誤解了它。批評者們常常指責中國官員們的專橫行事方式來源於他們對民主制度的功能和價值之深刻的錯誤認識。非也！中共的幹部隊伍相當一部分(尤其是 1949 年以前入黨的非文盲成員)對民主制度的理解相當透徹，這就是為什麼他們當年要參加推翻國民黨專制的鬥爭。他們近些年來對推進民主化改革的防範措施，也處處顯示出他們頗為熟悉該制度運作的樞軸關鍵。

政治公正的國際面和國內面

政治公正兩面相通：中國成為「仁義大國」的陽光道

本篇的目的，並不僅僅在於指出美國政府的國際政治行為與中國政府的國內政治行為，有時候呈現着驚人的相似，儘管這種比較本身具有社會科學的深刻含義，也具有最精緻的天然高級幽默元素。本篇更着重的，是在於揭示這兩者的相似其實在深層上有着緊密的關聯，而這裏恰恰有着中國軟實力的豐沛成長之源，儘管還有其他方面的源泉——這裏有中國成為「仁義大國」的起步基石。中國政府提出的含有很多正當性的訴求在國際政治舞臺上，不太常獲得普遍的正面的回應，相當程度上歸因於在當今國際社會主流的眼裏，中國國家機器的一些政策尤其是很多官員的落實行為，基本上拒絕民意認可的法統程序，有時太不尊重公民權和人權的核心要素。[34] 說到底，中國政府在國際政治舞臺上所要求的，不過是「普通的乃至弱小的力量 (民族、國家) 也要參與決策」的公正權利。[35] 由於中國的國家機器常規性地不給予本國民眾這類合理合法的政治參與渠道，由西方大國——尤其是美國——所主導的現存國際社會，也就據此很不樂意給予中華人民共和國官方十分渴望的真正平等的國際尊嚴，以及享有與中國規模相當的參與國際決策的充分權利。[36]

34　Tyler Roney, "The Sino-Japan Voldemort Wars: China's Doomed PR Battle", *The Diplomat*, 9 January 2014.

35　位於北京的外交學院給非洲來華學習的官員和專業人士授課的查雯博士，提供了另一種視角：在她的許多非洲學員眼裏，中華人民共和國已經是現存國際次序的既得利益者，還有什麼可抱怨的？比如說，中國是聯合國安理會的常任理事國，這就是最大的既得利益(引自 2016 年 5 月初的一場小型研討會發言)。

36　由湘潭大學政治學副教授李開盛在 2012 年 4 月 13 日至 5 月 13 日進行的《中國網民的政治與社會認知》網絡調查顯示，超過半數的受訪者(54.12%)不認同本國的政治制度，而擔憂「與周邊國家的爭端」和「美國的遏制」這

這個道理到了二十一世紀初期是一點也不難明瞭的：在這個公眾普遍參與公共事務的議事權、監督權、決定權——不論是在地方層次還是在全國層次上——越來越成為人類文明社會基本價值的時代，一個經常對本國人民說「不」的政治體制，在國際社會裏就會經常被別人說「不」。換言之，一個對本國民眾太「硬」的官府，它在國際輿論場上的「軟」實力就伸張不起來。一個時常動用蠻橫乃至粗暴手段壓制本國民間社會的行政當局(特別是它的「操刀手」司法執法機構)，免不了會在國際交往中遭受頻繁的批評指責，決不會被多國人民普遍地視作「仁義大國」。一個在國內不斷製造「四種、七種、十種敵對勢力」的體制，在國際上就會被眾多的政治團體和社會力量視為一部太可怕的濫權政治機器。

　　把這個道理說得簡潔明豁的當代美國政界要員，首推此前任國務卿的鮑威爾將軍。這位牙買加黑奴的後代、以對國際關係持理性克制態度而廣受國際尊重的儒將(他的支持對奧巴馬第一次當選總統極具推力)，[37] 2001年7月下旬在訪華前夕坦率地評論道：北京必須以更多的實際行動，來贏得與世界上的民主制國家平起平坐的地位。「我們認為中國在對待人權的態度和立場上的基本改變, 將會更有益於他們自己的社會，和他們

　　類國際層面問題的受訪者只佔 5%左右。本項調查曾經於 2012 年 7 月中旬之前在中國極受重視的學術思想網站《共識網》上公佈。如果我們把以上的調查報告與 2013 年 6 月針對中國在美國的留學生所作的調查比較，乃至與中國國內官方機構在 2013 年 8 月針對體制內成員所作的調查報告比較，會發現極有趣的深層次趨同跡象。後兩個調查報告詳閱：邰秋卿、陳定定：「在美中國留學生如何看待中西方政治制度」，華盛頓：《中國觀察網》，2013 年 9 月 17 日；「黨政幹部問卷調查：近半數認為中共轉型非常緊迫」，北京：《人民論壇》，2013 年 8 月 21 日。

37 Jonathan Clarke, "May Powell Win the GOP Slug Fest Over Foreign Policy". *LA Times*, 6 February 2001.

在國際共同體中的地位。……國際共同體不僅僅是一個經濟共
同體，它也是一個人權的共同體，一個所有人的個人權利的共
同體，一個愈益民主化的共同體。如果你想成為這個共同體的
一個全方位的成員，」你就必須在所有這些方面表現出明顯可
見的進步。[38] 他在這裏說的基本道理，就是國際政治的民主化
和國內政治的民主化不可以完全割裂開來。

　　與鮑威爾這位共和黨資深政治家的言論相呼應的，是民主
黨總統克林頓任期內的國家安全顧問伯格的報告。伯格1999年
10月下旬在美國外交關係協會上作題為「美國的力量」的演
說，強調美國必須把中國作為一個開放的、繁榮的和穩定的社
會，整合進全球體系。一方面美國要促進中國成為世界貿易組
織的一員，同時又要毫不含糊地敦促中國政府必須實行政治
變革。對此，「有些人批評我們是把自己的價值觀強加給世
界。但是需要點明的是當我們在別的國家推進民主的時候，
我們推進的是這樣一種政府制度，它允許這些國家的人民根
據他們自己的價值觀和志向來選擇他們自己的命運。……專制
制度才是強加給他們頭上的，民主制度是給他們以選擇的權
力。」[39]

　　因此，在相當長的時段裏，美國每四年一輪的大選所導致

38　Elian Monaghan, "Powell Urges China to Take Action on Human Rights", *Reuters Online Service*, 23 July 2001.

39　Samuel R. Berger, "American Power: Hegemony, Isolationism or Engagement", Meeting at the Council on Foreign Relations, 21 October 1999,〈http:www. foreignpolicy2000.org/transcripts〉. 一位曾在克林頓政府裏參與制定亞洲政策的高級顧問，2001 年初總結了過去數年裏美中兩國交往的經驗，以便為小布殊政府的外交政策承先啟後作建議。他特別強調的一點是：美國政府不論由哪一個黨派主持都必須經常地提醒北京：中國政府在國際上受到怎樣的對待，在很大的程度上取決於它在國內怎樣對待自己的人民(基於一份內部傳閱的討論稿)。

的總統及其團隊的換班，不會改變美中兩國之間關係的基本格局，即一種有利益協調、利益部分重合、但缺乏戰略互信的格局。[40] 小布殊的兩任總統期間，美國的全部精力和資源，基本上都用於反恐怖主義戰爭和相關操作，對中國問題花不上大力氣。那一段時間裏，美中關係基本上是平穩兼局部合作的。此後不久，美國的全球戰略就回到「九‧一一事件」之前的長程思路，這也就是奧巴馬第二任期內「重返亞洲」的來龍去脈。[41] 其支柱，是把經濟貿易方面的和軍事技術方面的實力速增、而政治制度與美國為首的西方國家依然相反的中國，作為美國乃至其盟國的潛在的首要威脅。[42] 美國現代史上唯一服務過兩黨政府的國防部長蓋茨，辭職後在2013年年底出版的廣受重視的回憶錄裏，把此一支柱交代得清清楚楚：在對待中國的長期政策上，共和黨和民主黨的政府之間沒有根本的區別。[43] 即便有特朗普這樣的非典型政治攪局者成為2016年美國總統選舉的共和黨大黑馬上臺，即便他已經掀起對外政策辯論的滔天

---

40 Nina Hachigian (ed.), *Debating China: The U.S.–China Relationship in Ten Conversations* (New York: Oxford University Press, 2014).

41 這一點，只要回顧「九‧一一」事件前夕美國戰略討論的逐步成型和公開披露的部分，便一目了然——那時主流的要害目標的關注已經移向中國。參閱：Thomas E. Ricks, "For Pentagon, Asia Moving to Forefront", *Washington Post*, 25 May 2000; John Barry, "Washington Is Evolving A Deterrence Theory for China", *Newsweek*, 7 May 2001; "Mr. Wolfowitz: China Future Superpower, May Be Threat", *The Washing Times*, 29 August 2001; John Pomfret, "China's Military Takes A Hard Look at U.S.", *International Herald Tribune*, 16 November 2000, pp. 1 and 6.

42 Ely Ratner, "Defining the 'New Type of Major Country Relationship' between the United States and China", Honolulu, Hawaii: Pacific Forum CSIS, No. 4, 13 January 2014.

43 Shannon Tiezzi, "Robert Gats Worries about China's Growing Military. Gates' Memoirs Reveals the Mainstream U.S. Thinking on China", *The Diplomat*, 16 January 2014.

巨浪（詳見本文集第八篇），新一屆以及稍後一、兩屆的美國政府掌舵團隊，更加可能的是延續以前許多屆行政部門的對華政策的基本中軸線——缺乏戰略互信的局部合作，加上避免戰爭爆發的多維度制約，區別只在於把重心朝中軸線的哪一邊更偏斜一點。

在與中國的這場漫長的較量中，美國不是僅僅依靠它的硬實力。入主白宮的美國政治首腦及其幕僚，不論屬於哪個政黨，都不會在與北京的交往中放棄「民主、自由、法治、人權」這一無形而有力的軟實力武庫，可稱之為現代版的「仁義」之道。在中國和日本涉及歷史和現存的重大糾紛而起的外交輿論大戰中，日本官方也是越來越頻繁地使用這一「大旗」性質的軟實力和仁義之道也即王道。比如，在日本駐美國大使回應中國駐美國大使批評日本安倍晉三政府對華政策的文章中，他重筆突出：「中國反對日本的宣傳戰在國際上得不到共鳴。在亞洲絕大部分地方和世界的其他部分，公眾輿論調查顯示，日本排名在最受喜愛的國家之列。……自從第二次世界大戰結束以來的70年裏，日本一直堅持維護自由、民主、人權、法治，對亞洲的和平和繁榮作貢獻。」[44] 中國政府要想在與美國為首的發達國家群的互動過程中受到更公平的待遇，減少對中國國家利益之不必要的挫傷，就應該在國際政治中高舉民主化旗幟的同時，在國內政治生活中作出更明顯可見的民主化改進，也就是在對內對外的兩大政治舞臺上同時（未必是同步）推進政治公正。[45] 在這個愈益全球化、各國相互交往和依存

---

44 Kenichiro Sasae, "China's Propaganda Campaign against Japan", *The Washington Post*, 16 January 2014.

45 Richard McGregor, "Summit Presented as a Walk in the Park", *Financial Times*, 10 June 2013, pp. 1 and 3.

丁學良｜政治與中國特色的幽默

度愈益增高的時代，國內政治公正和國際政治公正是不可以全然割裂的。[46] 否則，你只會無意中創造最精緻的層出不窮的高級政治幽默。

　　閣下若是不信，再提供一個新近的例子。德國的《每日鏡報》2016年9月22日的評論，提請德國公眾注意到中國一面在進行對外交流、一面在宣傳上批判西方的矛盾現象；稱北京當局對西方生活方式的批評，可能招到更多的反感與反對：「這聽起來像是自相矛盾：今年3月，中國黨和國家領導人習近平剛與德國總統高克一起，為2016年中德青少年交流年開幕；與此同時，習近平卻在中國國內對西方價值發起了越來越猛烈的攻擊」。除了中德官方合作夥伴外，一些小的團體和組織也為中德民眾提供交流的機會。「經濟上早已與世界緊密聯繫的中國，不可能再承受得起孤立和封閉。做生意必須要有國際人脈和一定的跨文化交流能力。……這種實際上的國際化與國內宣傳上推動的封閉之間的矛盾，顯示出了中共政治宣傳越來越突出的難題。那些對意識形態高地的要求，與那些來自中國都市中產階級、國際化的年輕人的世界不符。」該評論最後

---

46 「當今國際政治經濟觀念變遷與互相依賴的程度是空前的。……中共亦應反省本身過度防衛的心態，體認國際社會對中國大陸人權的關切，其深刻的原因在於對一迫害人權的政體日益增加其國際影響力的不信任。當捍衛民主成為美國保衛臺灣與抑制中共最有力藉口的同時，中共改善人權與發展實質民主不僅有利其增加內部統治正當性，長期而言更將有利於兩岸問題的解決與中共國際領導地位的取得。」引自臺北市《中華歐亞教育基金會》主編：《歐亞研究通訊》，2000 年第 11 期，第 8 頁。該基金會多半由筆者所謂「有條件的兩岸統一派」組成，他們在一定的條件下，甚至可以接受「中國國家利益」理念。他們對美中關係的觀察，頗為理性持平。像這樣一些有可能接受一個合情合理的「中國國家利益」理念的政界和學術界人士，在臺灣的政治社會生態裏，是極其不易施展能量的，參閱一篇很有放大鏡效果的報導：「臺灣教育團體批評馬英九政府以『大中國』思想修改教科書」，《自由亞洲電臺》，2014 年 1 月 21 日。

寫道，目前中國宣傳部門沒有拿出一個「西方生活方式」的對立物，而只是對「西方生活方式」進行批判和審查。「然而，如果北京用反西方的政治宣傳過於妖魔化那些來自中國的交流學生在西方獲得的積極印象，中國政治領導層將會面臨這樣的危險——沒能夠在意識形態上聯合年輕人，而是反而讓年輕人反對自己」。[47]

公理和實力的互動即軟實力硬實力的互動

　　本篇的中心論點並不是斷言，只要中國的國內政治生活明顯進步，中國的國家利益在國際上就會自然而然地處處受到應有的公平對待，躺着也能獲得大收穫。從對國際關係的現實主義的而非理想主義的立場展望，在未來兩、三代人的時間跨度裏，小小地球上的資源和機會總是會供不應求，國家之間總是會有明爭暗鬥。[48] 國家與國家之間爭鬥之得失當然不會完全取決於公理(right)，很大一部分依然要取決於相關的國家之實力(might)。在當今世界上，沒有一個國家的實力大到可以壓制一切的公理，也沒有一個公理的道德權威大到可以摧垮由國家擁有的實力。環顧全球，公理和實力雙強的國家極少，一手較強一手較弱的則不少。中國雖然在過去的三十餘年裏諸多的經濟技術方面有長足的進步，然而就綜合實力而言，尚屬一個第二流的大國。憑此實力，在國際舞臺上就緊迫的現實問題與

---

47 「對外交流和自我封閉」，DW《德國之聲》中文網，2016 年 9 月 22 日。

48 參閱美國戰爭學院季刊上的三篇文章，把這個現實主義的道理說得明白無疑：Thomas M. Kane and Lawrence W. Serewicz, "China's Hunger: The Consequences of A Rising Demand for Food and Energy"; Richard L. Russell, "What If... 'China Attacks Taiwan!'"; Roy C. Howle, "An Evitable War: Engaged Containment and the US-China Balance", *Parameters*, Autumn Issue, 2001.

強國們周旋，常常顯得捉襟見肘。比如在2013年起變得日益緊張的東海和南海水域及島嶼爭端，和中國隨後宣佈的ADIZ防空識別區規定，就是切近的實例。憑此實力，中國欲想補償中華民族在過去兩個世紀裏從西方和東方的列強那裏曾經遭受的歷史性的創傷，更是可望而不可及。[49] 實力(硬力量)越是不足，越需要求諸道義(軟力量)。中國要想在二十一世紀的前半葉不遭到國際上多方勢力的可能發起(但未必一定發起)的重重圍堵，就必須明顯地和切實地改善對待本國人民的政治行為方式。越是被自己國家的政府善待的人民，越是這個國家軟實力硬實力的不絕源泉，也就是該國的仁義之本。

概括起來，在當今的國際政治中，中國對自己的國家利益作維護和提升的艱辛努力——此項努力具有持續推進本國公民對自己國家體系真心認同和支持的潛在力量——時常卻明白無疑地受損於中國境內的政治和人權的狀況。中國政府在國際事務中要求民主化的正義呼籲，被其他國家和國際公民社會大打折扣，不能全部怪罪於外國政府的陰謀詭計、「敵對勢力」的無事生非。[50] 在某些外國政府對中國官方有時很不尊

49　鄧小平在點明這一基本事實的時候，倒是顯得比他身前身後的那些虛張聲勢的中國官方發言人更具有自信心和遠見，參閱《鄧小平文選》(北京，人民出版社，1993年第1版)，第3卷，第363頁。

50　「丁學良接受《中評社》專訪時表示，雖然中國近年在對外關係上遇到了越來越頻繁的衝擊，但這是中國深度融入世界體系的正常現象，中國在對外交往方面需要高度警惕『大陰謀論』的鼓吹，以防陷入非理性狀態，阻礙與其他國家的正常往來。丁學良還認為：中國需要盡可能多地向世界展示自己的各方面，這是消除其他國家對中國成見和誤解的最好方法。在如此複雜的國際體系中，中國學習的時間不長、經驗尚淺，所以一些人對很多事情的看法和反思容易走極端。中國有一小部份人認為這個世界存在着『大陰謀』，說這個世界上有一個中心一直在謀劃，並且能夠在世界絕大多數地方支配和安排很多公司和機構來圍剿中國、試圖搞垮中國。我之所以用『大陰謀』來區別，是因為國家和國家的交往、公司和公司的鬥爭，甚至個人

重、與中國政府對本國人民意願常常很不尊重之間，有着不可分割的關聯互動。[51] 在二十一世紀裏，不持續建立國內政治的公正，就很難爭取到國際政治的公正。用政治哲學家赫爾德的話來説，「全球化不僅僅意味着市場的擴張……，它同時也意味着對國際法和國際公正的期待與日俱增。」[52] 把國內的和國際的政治公正當作同一個進步事業的相輔相成的兩方面，將是中國軟實力持續增長的一條光明大道，一條雖然不甚平坦但卻不可替代的正義之路。捨此，「仁義大國」就既不可望，更不可及。

與個人的往來都會牽扯到很多『謀略』，這是非常正常的現象。但是如果把整個地球當成考察對象，世界上是沒有這個中心的，這是非常重要的基本點。這個世界上是沒有一個政府或者政治家可以搞定全球。如果用這種想法來判斷中國和外部世界的關係，就永遠沒有辦法處理好。丁學良強調，世界上一定有陰謀論，一定會有敵對勢力，一定會有想盡辦法損害他方利益的人，但是不能用『大陰謀論』的觀點來解釋全球事務。某些事情上的確有這些現象，但並不能推而廣之，不能成為中國觀察外部世界的唯一模式，若是，就沒有辦法和其他國家正常打交道。」摘自黃蔚：「中國切不可被大陰謀論綁架」，香港 / 北京：《中國評論新聞網》，2011 年 12 月 12 日。

51　中國政府代表團一進入二十一世紀的兩次大聲呼籲，一次是 2001 年 2 月在伊朗首都，「外交部副部長王光亞大聲疾呼在國際事務中倡導民主和平等」（《新華社》2001 年 2 月 17 日德黑蘭電訊）。另一次是該年 4 月在古巴首都，中國人大常委會副委員長蔣亞華發表類似的講話（《新華社》2001 年 4 月 4 日哈瓦那電訊）。不應忽視，伊朗和古巴這兩個熱衷於舉辦「國際政治多極化」和「文明之間對話」的國家，其政府恰恰是以在國內政治中拒絕多極化和拒絕與反對派對話而著稱於世，這絕非巧合。

52　David Held, "Violence and Justice in a Global Age." As part of an ongoing international debate in *OpenDemocracy.net*, 14 September 2001.

　　　　　　　　　丁學良｜政治與中國特色的幽默